マネするだけでなりたかった私になれる!

大変身のプロが教える
別人級ヘアメイク

著者 マツカワリュウドウ
監修協力 ハヤカワユカリ

KADOKAWA

はじめに

BY RYUDO MATSUKAWA

原宿で美容師アシスタントをしてから今年で17年目。
美容を通じてたくさんの方のイメチェンに関わってきました。

今から12年前にヘアドネーションという
バッサリとカットした髪を寄付する
活動のお手伝いを始めたことをきっかけに
お客様の「大幅に変わる喜び」に多く触れ、
今までに 4000 名以上のヘアドネーションに協力させていただきました。

この活動をきっかけに、YouTube を通し、
幅広く「変わる喜び」に触れていただけるよう
髪型だけではなく、ヘア×メイクで
「未だ見ぬ明日の私の可能性」をイメチェンを通して発信し始めました。

髪型やメイクで印象が変わるのはもちろん、
「気持ちも変わる」

YouTubeに出演してくださった方、ヘアサロンで実際にお会いするお客様が
前向きになっていく姿を数多く見てきました。

「少しでも変われたらいいな」
チャレンジしたい方はたくさんいらっしゃると思います。

「でもどうやったらいいんだろう」

そもそも「オシャレ」や「似合う」とはどういったことなのか。
流行や似合わせをどう足していけば
「私らしいオシャレ」に到達できるのか？

「変わる喜び」「ちょっとしたあか抜け方法」
本書を手にとってくださった方が少しでも簡単に実践できるように
お力添えできれば幸いです。

ヘアスタイリスト
マツカワリュウドウ

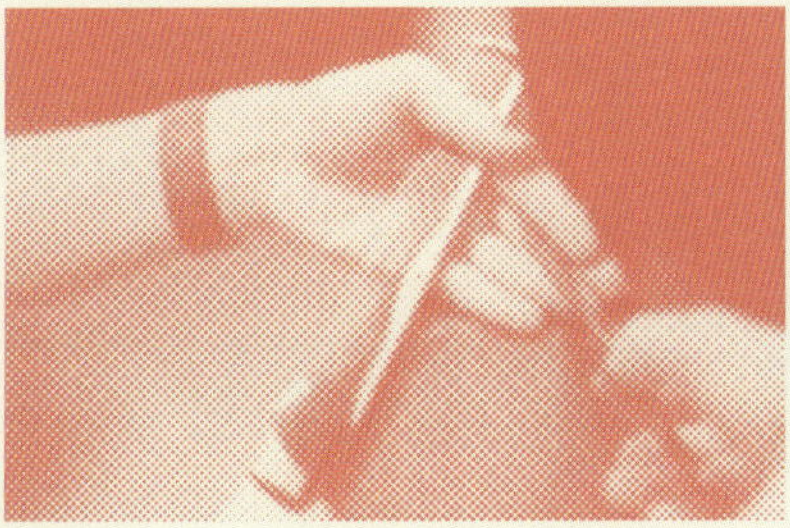

はじめに

BY YUKARI HAYAKAWA

「メイクは自由で、楽しいもの」ということを、
知っていただくのが使命だと思い、メイクを提案しています。

「この色が似合うと言われたから」、「診断でこの色が似合うと出たから」。
第三者の声はもちろん大事にしていただいていいのですが、
それを正解としてしまうのは、
メイクの可能性の幅を自ら狭めてしまうように思います。
直感で、〝この色可愛い〟と思ったら迷わず使ってみる！

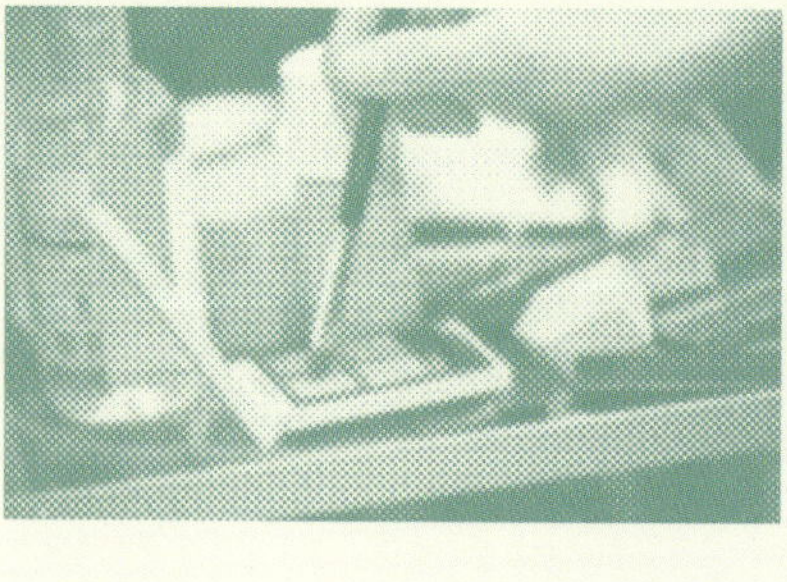

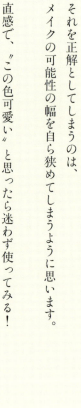

そうして「やっぱり変だな」となったとしても、そこで終わりにしないで、
次に、「どうしたら似合うかな」ということを考えてみます。
薄く塗ってみる、目尻だけ、下まぶただけにのせてみる。
ほかの色に重ねてみたら、似合うと言われた色を塗るよりも
ずっと素敵になるかもしれません。

自分が惹かれた色やアイテムは、自分の心が求めたもので、間違いはありません。
だから冒険心と挑戦心をもって楽しんでもらいたいのです。

「挑戦して、調整して」

メイクのいいところは失敗しても、
すぐに落とせて、何度でもやり直しができるところ。
挑戦することに躊躇する方もいらっしゃると思いますが、
ときめく気持ち、楽しむ気持ちをもってメイクをしてみませんか。

ヘアメイク
ハヤカワユカリ

CONTENTS

はじめに…002

CHAPTER
1 変えられるもの、変えられないもの…010

好きを知る診断…016
診断結果チェック！…020
女性は「可愛い×キレイ」のバランスで〝自分美〟を手に入れる…024
お似合いヘアを決めるのは「首」…028
EPISODE_01 YouTuber Ryudo Matsukawa …030

CHAPTER
2 流行8割、似合わせ2割でハッとさせる私になる…032

ちょいクールなワンレンボブ…034
あごラインのクールショート…036
前下がりのハンサムショート…038
前髪長めのマッシュショート…040
ウルフベースのモードパーマ…042
厚めバングのワンレンマッシュ…044
summary 古くならないためのトレンド力の磨き方…046

CHAPTER 3 #THE FIRST CHANGE ～別人級の変身ヘアメイク～ …048
Namiさん age:36〈転職を機に変身！〉…050
タッチャンさん age:50〈結婚式以来のメイクで変身！〉…058
#THE FIRST CHANGE／AFTER TALK …065
feat. Yukari Hayakawa …066

CHAPTER 4 最高のメイクは"笑顔" …068
若見えフェイスのコツは「×××し過ぎない」…070
「ツヤ」と「ほどよいカバー力」を備えたファンデーションを選ぶ …071
首にもトーンアップ下地を塗れば白浮きを防げる！…072
仕上がりがキレイなだけじゃダメ！ 崩れるときもキレイに …074
マットな肌になり過ぎたらフィックスミストでツヤ復活！…076
凹んだこめかみは「ピンクハイライト」でふっくら …078
今どきの、頑張っても色が濃くつかないチークで素肌感！…080
アイメイクは「下まぶた」が真の見せ場 …082
アイラインは"キレイ"なら一度上げ、"可愛い"なら一度下げ（2度でもいい）…084
リップは色つきリップクリームがいい …085
summary 狙うのは「年齢×0.8倍」の私 …086

STAFF
撮影／古家佑実（SPINDLE）
イラスト／Kanako、ハヤカワユカリ
ブックデザイン／大久保有彩
編集協力／白倉綾子
編集／小野結理（KADOKAWA）
写真協力／RoomClip
校正／麦秋アートセンター

SPECIAL THANKS
ヘアスタイリスト／イシカワショウタロウ
Yours. **パーソナルトレーナー**／まえざと君
Yours. **管理栄養士**／木村紗耶加
MY BODY LABO **パーソナルトレーナー**／横川晃二郎
MY BODY LABO **パーソナルトレーナー**／ボバ

CHAPTER
5 コンプレックスはメイクで全部目くらまし！…088
エラが張っていて、顔が大きく見えます…090
遠心顔なので子供っぽく見えがちで、好きな服が似合わない！…092
だんご鼻がコンプレックス。シュッとした鼻に憧れます…094
口角が下がっていて、年齢よりも老け見えしています…096
眉毛の正解がわからず、ボサボサです…098

CHAPTER
6 あか抜けファッションの掟…100
それとなく肌見せ＆MIXスタイルであか抜ける！…102

CHAPTER
7 そんなことでいいの!? サロン帰りの髪、超再現テク…106
寝グセ直しに水スプレーは不要！ 〝手水でチャチャチャ〟が最高です…108
サロンのヘアはドライで100％ スタイリングで110％ ヘアアイロンで120％の完成度…110
スタイリング剤はウェット質感を作るジェルがあか抜け度最上級…112
朝起きると髪が大爆発!? 寝るのが早過ぎたかも！ ドライ後は2時間寝ない！（できれば）…114
ショートヘアのスタイルをキメるのはヘアアイロン！…116
朝スタイリングしても昼にはぺちゃんこ→髪質・毛量・レングスによって対処法あります…118

ドライヤーで髪を乾かすと髪がまとまるどころか広がるという怪。↓首、傾けていませんか？…120
サロン帰りの仕上がりをキープできるのはショート1か月半 ボブ2か月 ロング3か月が限界です！…122
つむじが割れてしまうときは、ヘアアイロンが強い味方！…124
カラーリング後48時間はシャンプーしない！（できれば）…126
EPISODE_02 YouTuber Ryudo Matsukawa …128

CHAPTER 8
若見えヘアのルール …130

髪に「ツヤ」さえあればマイナス10歳見え！…132
肌にシミ、シワなどエイジングサインがあると少ない白髪でも、白髪印象がＵＰ！…134
薄毛の印象は抜け感のある前髪でオシャレに目くらましできる！…136
老けて見えるこめかみの凹み。サイドバングで隠しましょう！…138
グレイヘアはオシャレだけど、ファッションとメイクがあってこそ素敵に見える！…140
セルフ前髪カットをするなら無理やりサイドとつなげなくてＯＫ！…142
好感度アップヘアのセオリー…146
EPISODE_03 YouTuber Ryudo Matsukawa …148

#シンデレラは努力する　さらなる変身を遂げた人のボディメイク…150

Q&A…156
おわりに…158

「変わりたい！」と思っても、
どこを、どうやって変えたらいいのかわからない…。

そんなときは、自分に問いかけて。

「私は、何が好き？」

そのヒントがここにあります。

WHAT CAN & CANNOT BE CHANGED

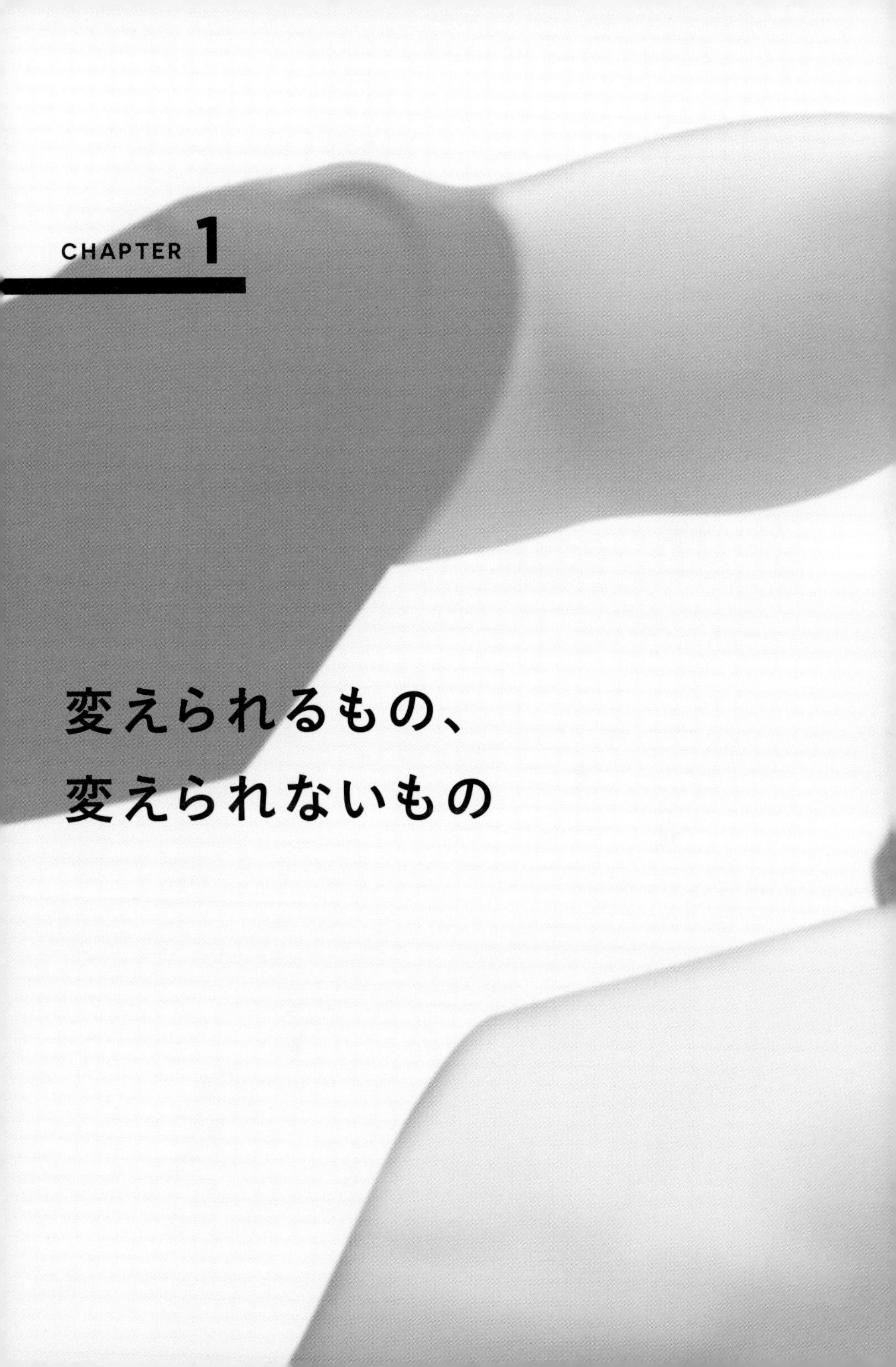

CHAPTER 1

変えられるもの、変えられないもの

変えられないもの

輪郭

身長

首の長さ

私は美容師なのでお客様のよさを見つけて、引き出し、ご本人さえも知らなかったご自身の魅力に気づいてもらうことを本懐としています。お客様が「変わりたい！」と思ったとき、まず知っておいて欲しいのは、人には、〝変えられないもの〟と〝変えられるもの〟があるということ。

変えられないものは、ご自身でもわかっている、輪郭、身長、首の長さ。**変えられるものは、ご自身で作り上げることができるもの**です。それは、**ファッションやメイクで培うことのできる感性、チャレンジしていいと思える髪色、それらによってもたらされる雰囲**気です。

変えられるもの

まず注目すべきは……

色

雰囲気

感性

変えられないものにコンプレックスがあったとしても、変えられるものを自分らしく取り入れることで、前向きにカムフラージュができます。

職場によっては洋服や髪色、メイクに規制があるかと思いますが、その**決められた範囲のなかで、自分がどうなりたいのか**、を一緒に見つけていきましょう。

MEMO

ヘアサロンでは髪の明るさを「レベル」で表現。1～20レベルまであり、数字が小さいほど暗く、大きくなるほど明るくなる。日本人の一般的な地毛の明るさは4～6レベル。

寒色系8レベル

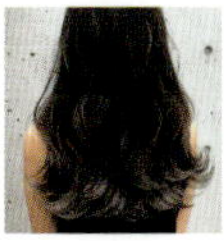

暖色系8レベル

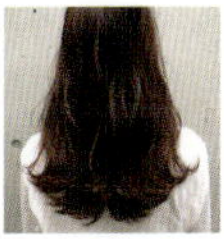

同じレベルでも寒色と暖色では明るさの印象が異なる。寒色は暗く、暖色は明るく見えやすいので、レベルと色みで明るさをコントロールする。

自分探しの迷子になっていたら自分の本質を探り、直感的に「**好き**」を知る体験を！

私自身もそうですが、「私ってどんな人なんだろう」という答えを、人は求めているように思います。骨格診断、パーソナルカラー診断、性格診断…自分を知りたいと思う人なら、こうした何かしらの診断は経験済みかと思います。そのなかでより具体的に〝自分とは〟を診断できると思っているのが、**「ペルソナ診断」**。性格タイプを知る、ＭＢＴＩ診断が表の顔の答えだとすると、ペルソナ診断は裏の顔、**深層心理を見抜く診断**です。**次**

信頼できる美容師に出会う

なりたい髪型が決まっていないとき

↓

苦手な髪型、長さを共有する。

↙ 可愛い　↘ キレイ

↘ ↙

前髪のあり・なし

なりたい髪型があるとき

↓

写真などを美容師に見せて
情報を共有する。

ページで紹介する「好きを知る診断」もそのひとつ。まずはこの診断をやってみて、自分自身に向き合ってみてはいかがでしょうか。

ヘアスタイルにおいて**迷いがあるときは、信頼できる美容師に委ねるのが一番です。**なりたいイメージをもたれている方はそのビジュアルを美容師と共有を。輪郭や髪質などの違いでまったく同じようにはいかないかもしれませんが、近づけることはできます。**なりたい髪型が決まっていないときは、好きな髪型ではなく、「嫌な髪型」を伝える**ほうが安心です。美容師はそこから消去法でお客様の「好き」に導きます。

私は**インスタグラムにどのような写真を保存しているかでその方の好きな傾向が見える**と思っています。例えば保存している写真に色が多かったら、この方は髪型よりも色に注目しているんだなというのが見えてきます。**直感で「好き」を見つける練習をしていけば、その蓄積で自分の「好き」の傾向がわかるようになる**と思います。

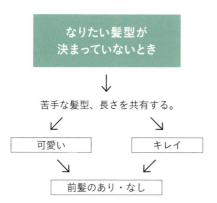

好きを知る診断

Q1. あなたの好きなお部屋のテイストは？

①

MITSUBAさん宅　©RoomClip

モダンスタイル

明度は高く、彩度は低め、インテリアはくすみ系カラー＆少ない色数でまとめている。都会的な雰囲気が漂うお部屋。

②

moniさん宅　©RoomClip

ナチュラルスタイル

グリーン多めで、彩度が低め、木目調の家具を配置。ナチュラルな雰囲気のリラックス感のあるお部屋。

③

ishiikeさん宅　©RoomClip

ポップスタイル

全体的に彩度が高く、インテリアはカラフルで柄モノも取り入れている。ポップで、元気がもらえそうなお部屋。

Q2. 好きなネイルカラーの色はどっち？

① くすみ系カラー

彩度が低く、グレーみを含んだカラー。

② ポップ系カラー

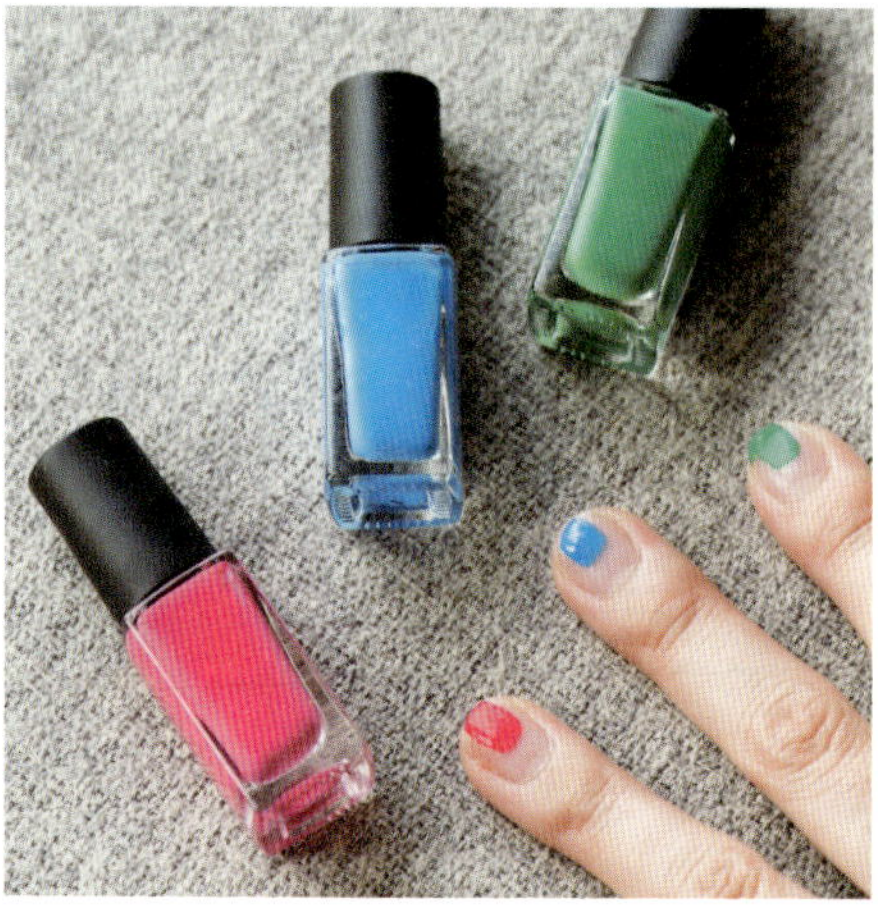

彩度が高く、にごりのない鮮やかなカラー。

Q3. 白Tシャツを着るなら どの襟の形がいい？

①

クルーネック

鎖骨が見えるか見えないか程度の丸首型のネックライン。

②

深めUネック

デコルテが見えるくらいの深めな、U字形のネックライン。

③

Vネック

首元がV字形に開いたネックライン。

診断結果チェック！

診断方法：Q１〜Q３の問いに答えてください。それぞれ選んだ「好き」の点数の合計点で、あなたの好みのヘアスタイルが見つかります！

Interior Design

Q1は どれが好き？

①

10

Nail Color

Q2は どっちが好き？

②

5

①
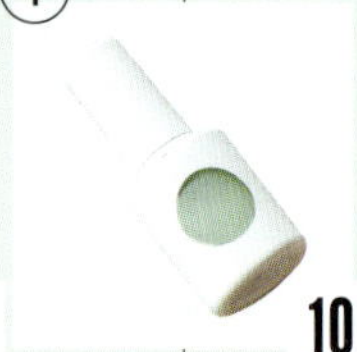
10

T-shirt Design

Q3は どれが好き？

Q2	Q3 ③	Q3 ②	Q3 ①
②	3	5	12
①	8	12	10

あなたの選択の合計点は？

Type A
キレイ × ナチュラル
18-22 points

ダークから明るいカラーまで抵抗なく受け入れられ、ハイライトもOK。髪型はカジュアルからモードまで幅広く受け入れるタイプ。

Type B
可愛い × ナチュラル
23-28 points

明るめも、落ち着いた髪色も気分で、インナーカラーも選択肢にあり。カジュアルなヘアデザインが好きなタイプ。

☆詳しい診断結果は、p022-023でご確認ください。

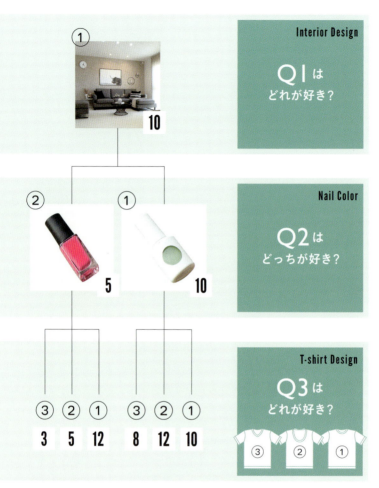

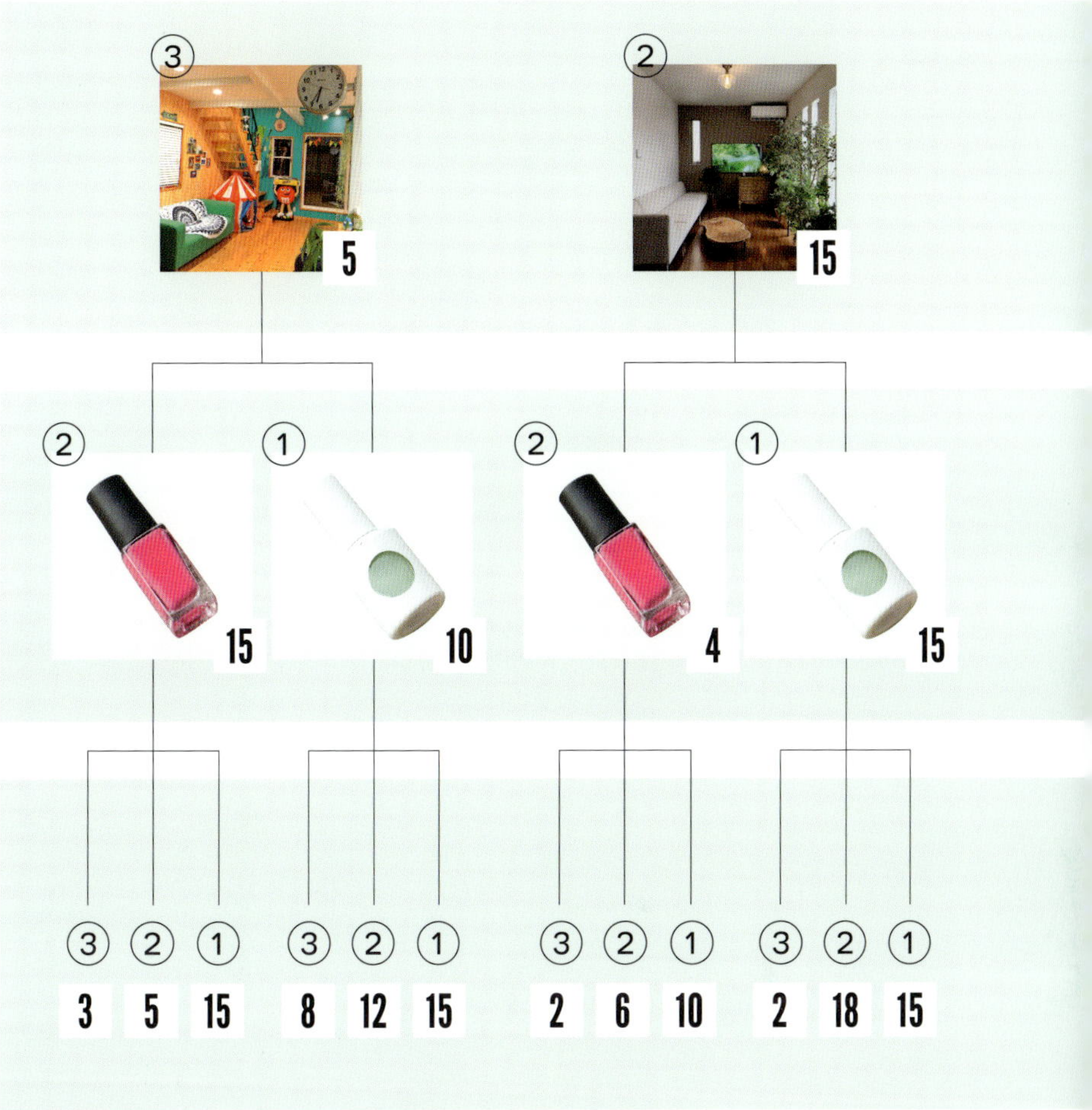

Type D
可愛い × モード

(35-48 points)

明るい髪色にも抵抗なし！　パーマヘアも選択肢にあり、髪型はカジュアルからモードまで幅広く受け入れられるタイプ。

Type C
キレイ × モード

(29-34 points)

寒色系、暗めな暖色系の髪色が好み。切りっぱなしのボブも嫌いじゃないが、派手過ぎないヘアデザインを求めるタイプ。

Type A

18-22 points

キレイ × ナチュラル系

・クールビューティも、レディな雰囲気もこなす

気負わず、大人の余裕を感じさせたいタイプ。ショートならクールに、ボブならエレガントなムードに振りやすい。ライン感を出すよりも、ふんわり、やんわりとした発色のメイクが合う。

21-22 points

クールビューティスタイル

前髪で長さを残した前下がりのショートボブで大人の品格を漂わせて。ヌーディよりもメイク感のあるメイクが良好。

18-20 points

大人の品をまとうスタイル

ダークなカラーのワンレングスボブ。前髪の長さもそろえるとグッとキレイめに。ブラウンやプラムなど深みのあるリップがお似合い。

Type B

23-28 points

可愛い × ナチュラル系

・丸みを感じさせるメイクや自然体のヘアが気分

異性受け、同性受けどっちも欲しい、愛され願望を秘めたタイプ。抜け感のある前髪を取り入れたスタイルが可愛さに貢献。青みピンクを使う、丸みを感じさせる塗り方で可愛らしさの強弱を調整。

26-28 points

可愛さに＋ひとクセ

ピンク系カラーの前髪のあるミディアムレイヤースタイル。インナーカラーも気分で入れたい。眉色まで合わせたワントーンのメイクも◎。

23-25 points

清潔感のあるヘルシースタイル

前髪ありのロングレイヤーは華やかな印象が作りやすい。色みやラインを控えた、清潔感のあるナチュラルなメイクを合わせて。

Type C

29-34 points

キレイ × モード系

・メイクもヘアも彩度の低いカラーを好む

上質なものをサラリとまとうのが好きで、落ち着いた印象を好むタイプ。メイクは肌なじみのよさよりも雰囲気を優先に。ヘアスタイルは切りっぱなしボブや顔まわりにアクセントをつけたスタイルもOK。

31-34 points

姫前髪でモード感を

前髪を長めにパツンとカットした姫前髪でモード寄りに。オレンジ〜ブラウントーンのメイクや寒色メイクが気分。

29-30 points

大人の品をまとうスタイル

ダークカラーのパッツン前髪のボブヘアで個性を。存在感のあるアイラインと赤リップを合わせてモード感強めがお似合い。

Type D

35-48 points

可愛い × モード系

・遊び心も、オシャレさもどっちもイケる柔軟性あり

大多数のなかに埋もれたくないけど、奇抜にはなりたくないタイプ。可愛らしさをベースに、オシャレと感じる要素を取り入れるさじ加減で、個性を感じさせながら親近感があり、同性からとくに愛されるスタイル。

41-48 points

同性に好感触のルック

明るめのカラーにカールが強めのパーマも無問題！　カラフルなメイクで遊び心を存分に発揮して、自分らしさを解放！

35-40 points

ガーリーな雰囲気に

やや明るめカラー＆眉上のパッツン前髪のボブで個性的な可愛さをアピール。オレンジ系のメイクでガーリー＆シャレ感UP!

女性は「可愛い×キレイ」のバランスで〝自分美〟を手に入れる

メイクをする際に、「どういう感じにしたいですか？」と希望を伺うと、「可愛いけど大人っぽい感じに」、「年相応だけど若々しく見せたい」というように、**〝可愛い〟または〝キレイ〟に全振りするようなリクエストはほぼありません。**メイクの方向性に当てはめた場合、前者は可愛い×キレイですし、後者はキレイ×可愛い、と変換できます。つまり**求められているのは、〝可愛さもあって、キレイさもある私〟**なんですよね。どちらかに完全に振れてしまうのは少し不安で、両方の要素があると安心できるように感じます。そこに**ナチュラルかモードのテイストを加える**ことで、より自分らしさが生まれてくると思います。

可愛さは丸みや暖色、
キレイはシャープさや寒色で
表現できます

可愛い×モード系

メイクはカラーを多用して遊び心をプラス。ヘアは明るめの色やカールが強めのパーマヘアも許容で、[可愛さ：モード=4：6] のバランス。また、オレンジリップ＆オレンジ眉のオシャレメイクに眉上前髪のボブを合わせたスタイル（[可愛さ：モード=7：3]）などモード強めなバランスもあり。

COLOR LEVEL

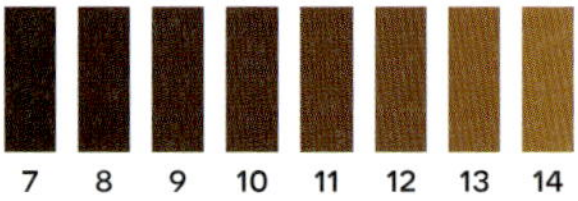

髪の色／7レベルのダークカラー、10レベル以下の暖色系、ブリーチ（14レベル程度）

モード

キレイ×モード系

日本人形のようなボブヘア×真っ赤なリップとハネ上げラインでモード感強めな［キレイ：モード=4：6］のバランスも、ヌーディなメイクに、姫カット風の長め前髪スタイル［キレイ：モード=2：8］も受け入れられる。

COLOR LEVEL

髪の色／5〜9レベルのダークカラー、寒色系

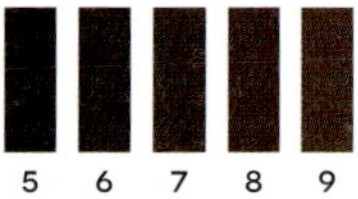

可愛い

可愛い×ナチュラル系

青みピンクのワントーンメイクにボブを合わせた［可愛い：ナチュラル=7：3］のバランスのほか、丸みのあるメイクにロングレイヤーで［可愛い：ナチュラル=4：6］のバランスもあり。メイクは色数を多く使わず、髪はダークトーンが好きなタイプ。

COLOR LEVEL

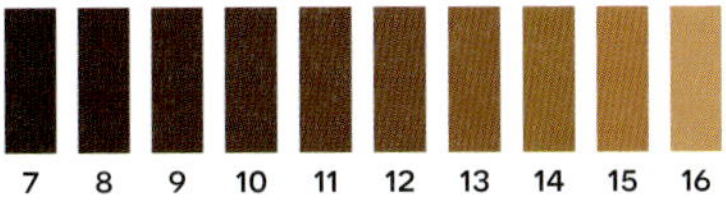

髪の色／7レベルのダークカラー、8～10レベルの明るいカラー、ブリーチ（14～16レベル程度）

ナチュラル

キレイ×ナチュラル系

陰影をきかせたメイクとショートボブスタイル［キレイ：ナチュラル=4：6］のバランスや、血色のあるワントーンメイクに、あごラインのボブ［キレイ：ナチュラル=7：3］のバランスのスタイルもOK！　明るい髪色も気分に応じて取り入れられるタイプ。

COLOR LEVEL

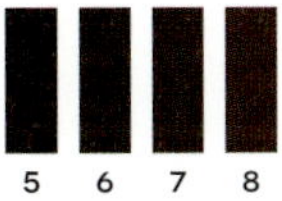

髪の色／5～7レベルのダークカラー、8レベル以下の暖色系

キレイ

illustration by Yukari Hayakawa

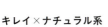

お似合いヘアを決めるのは「首」

〝変えられないもの〟のひとつに、「首の長さ」を挙げましたが、変えられないからこそ生かしていこう！　というのがヘアスタイルの提案です。**首の長さは、髪をどのくらいの長さに設定すると、その方が一番美しく見えるか、に影響**します。首が長い方は、ショートもボブもロングもオールマイティですが、**とくに似合うのはショートボブ。全身で見たときに重心が上にくるのでスタイルがよく**見えます。

一方、**首が短い印象の方は、避けたい髪の長さがあります。それは肩ラインのボブ**で、首が詰まって見えやすいんです。**オススメのヘアスタイルは、あごラインのショートボブ**です。全身のバランスがよくなります。また、首元が曲線になっているクルーネックを合わせると余計に首が詰まって見えるので、首元の開いたトップスを。Vネックは縦のラインが強調されてスッキリと見えます。

首が短い方のヘアスタイル提案例

NG!

首が詰まった
印象に見えがち

肩ラインのボブ

OK!

メリハリがあり、
スッキリ見える

あごラインのショートボブ

CHECK!

首の長さの目安は あごから首の付け根までに 「指4本」が入るか、入らないか

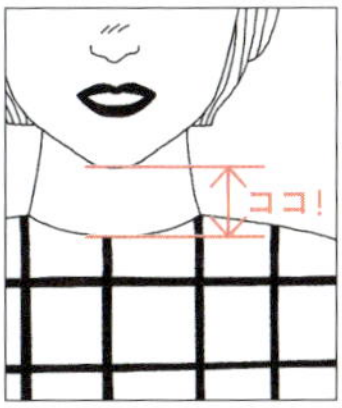
ココ!

あごから首の付け根の間が指4本分あれば、ショートスタイルがとくに似合います。指3本分以下の場合は、首が詰まった印象になりにくいヘアスタイルやファッションで調整を。

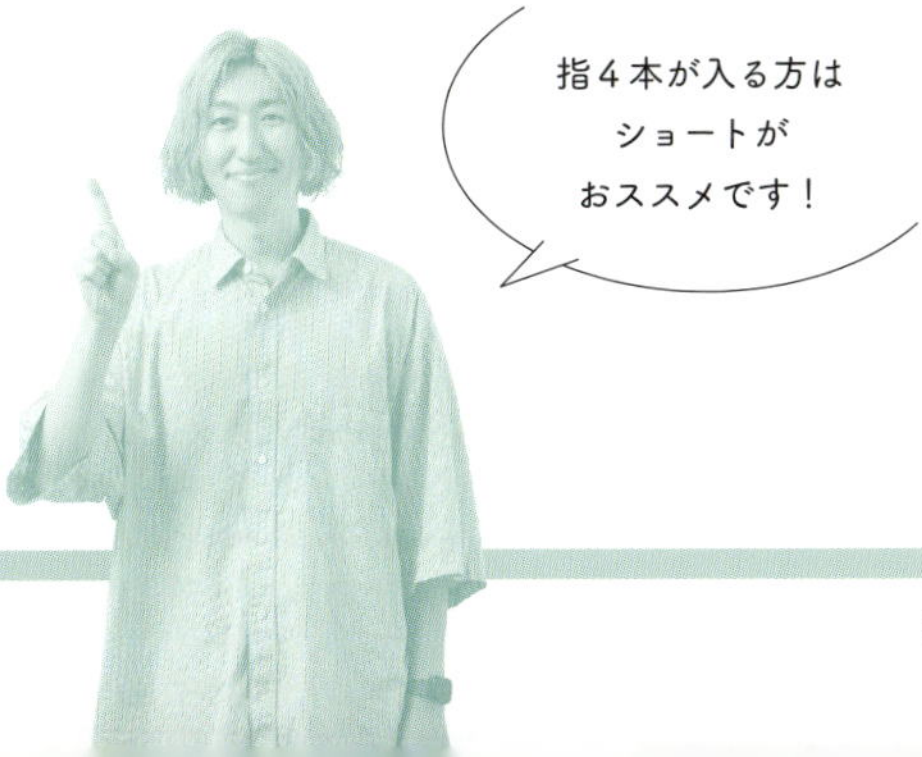
指4本が入る方は
ショートが
おススメです!

EPISODE_ 01

YouTuber Ryudo Matsukawa

YouTuber
マツカワリュウドウ、誕生

始まりは、自分のホームページでヘアドネーションを取り上げたこと。世の中にヘアドネーションというものがあることを周知したいというのがあり、100本くらいの動画を上げていました。また、ホームページとYouTubeのプラットフォームが同一で相性がよく、SEO効果（検索エンジンでサイトやコンテンツが上位に表示される）が強化されることを知り、もっと多くの方に観てもらえるものを作りたくなりました。

当時、YouTubeでは男性のイメチェン動画が流行っていて、女性版はほとんどなかったので、やってみよう！と試行錯誤して取り組み、今に至ります。イメチェン企画を始めた頃は「出演はするけど、顔出しはNG、後ろ姿はOK」という方がほとんどだったので難航しましたが、今は多くの方が全面的に協力してくださるので感謝しかないです。

HAIR DONATION

ヘアドネーションとは

病気や不慮の事故などで髪を失った子供たちに、医療用のウイッグを届けるため、その素材となる毛髪を寄付する慈善活動。活動を行っているNPO法人に毛髪を寄付するには、いくつか条件があるので、行きつけの美容室で相談を。

ヘアドネーションのために伸ばした髪をカット！切り口から毛先まで31cm以上必要

医療用のウイッグを作るためには、切り口から毛先まで31cm以上の長さが必要に。染めていない髪しかダメ？と思いがちですが、カラーリング毛、白髪、パーマ、ブリーチ毛もOK。ただし、団体ごとに条件があります。また、髪がバラけないよう、束にまとめてカット。レターパックなどに髪を入れ、ご自身で団体に郵送します。

YouTubeのオープニング場面！本日のモデルさんを紹介します

MC、出演、演出、撮影、編集までこなすマツカワさん。ハヤカワさんがメイクをしている間やカラーやパーマの放置時間に編集作業を行います。

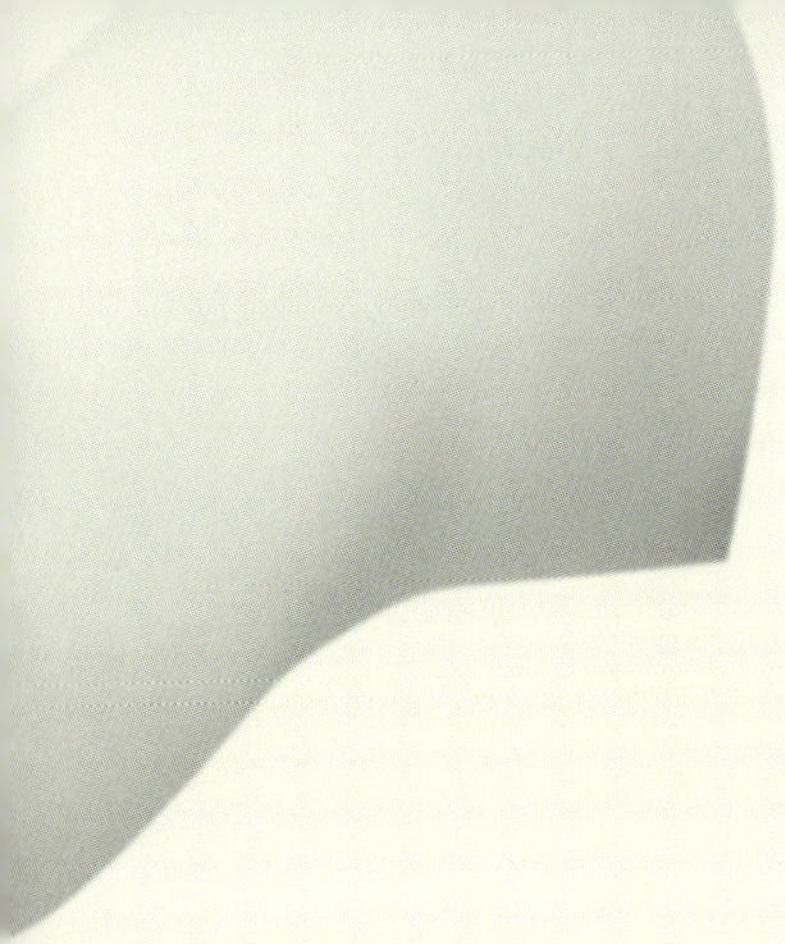

マツカワさんのYouTubeのイメチェン企画では、
流行をほどよく取り入れながら、
その人の雰囲気に似合うヘアメイクを提案。
“流行8割、似合わせ2割”がセオリー。
誰もが「自分じゃないみたい!」と、
思わずもらしてしまうほどの完成度です。

80% FASHIONABLE, 20% FITTING

CHAPTER 2

流行8割、
似合わせ2割で
ハッとさせる私になる

Before

File: 01

NAME

ウラさん

THAT HAIRSTYLE SUITS YOU.

(ちょいクールなワンレンボブ)

Cut　Color　Perm

抜け感のある前髪が軽やかさを引き出す、あごラインに設定したワンレンボブスタイル。髪の色は地毛を生かし、もみあげ部分にだけ、ベージュ系のインナーカラーをプラス。ナチュラルなヘアスタイルのアクセントになり、ナチュラルクールな印象を与える。

After

HAYAKAWA'S ADVICE

カラーマスカラで抜け感とニュアンスを出し、ピンクのワントーンメイクで柔らかさを与えています。

MATSUKAWA'S VOICE

髪の長さをあごラインに設定して、首が長く見えるようにしています。また、前髪あり＆暗い髪色のワンレンボブは、日本人形のような雰囲気になりやすいので、前髪を軽くしてシャレ感を出しました！

こんな方にオススメ

Type **キレイ×ナチュラル系**

○首の長さが指３本分以下の方
○インナーカラーをしたい

Before

File: 02

NAME

ワタナベさん

THAT HAIRSTYLE SUITS YOU.

（ あごラインのクールショート ）

Cut Color Perm

前髪を鼻先よりも長めにして、クールな雰囲気を盛り込んだショートボブスタイル。前髪が耳にかかる長さなので落ちてくる前髪が苦手な方にも◎。サイドの髪はあご下なので輪郭のカバーや首を長く見せる効果も狙える。やや明るめのピンクバイオレットのカラーが華やかさに加え、血色感も与える。

After

HAYAKAWA'S ADVICE

髪色が暖色なので、アイメイクをオレンジシャドウとマスカラでコーディネート。シャレ感と血色感を狙っています。

MATSUKAWA'S VOICE

もみあげやサイドの髪をあご下に設定しているので、輪郭をカバーしたい方や顔を出すことに抵抗がある方にもオススメです。また、前髪を鼻先よりも長くしているので顔型を選ばないスタイルになっています。

こんな方にオススメ

Type キレイ×ナチュラル系

○肌の色ツヤをよく見せたい
○輪郭をカバーしたい

Before

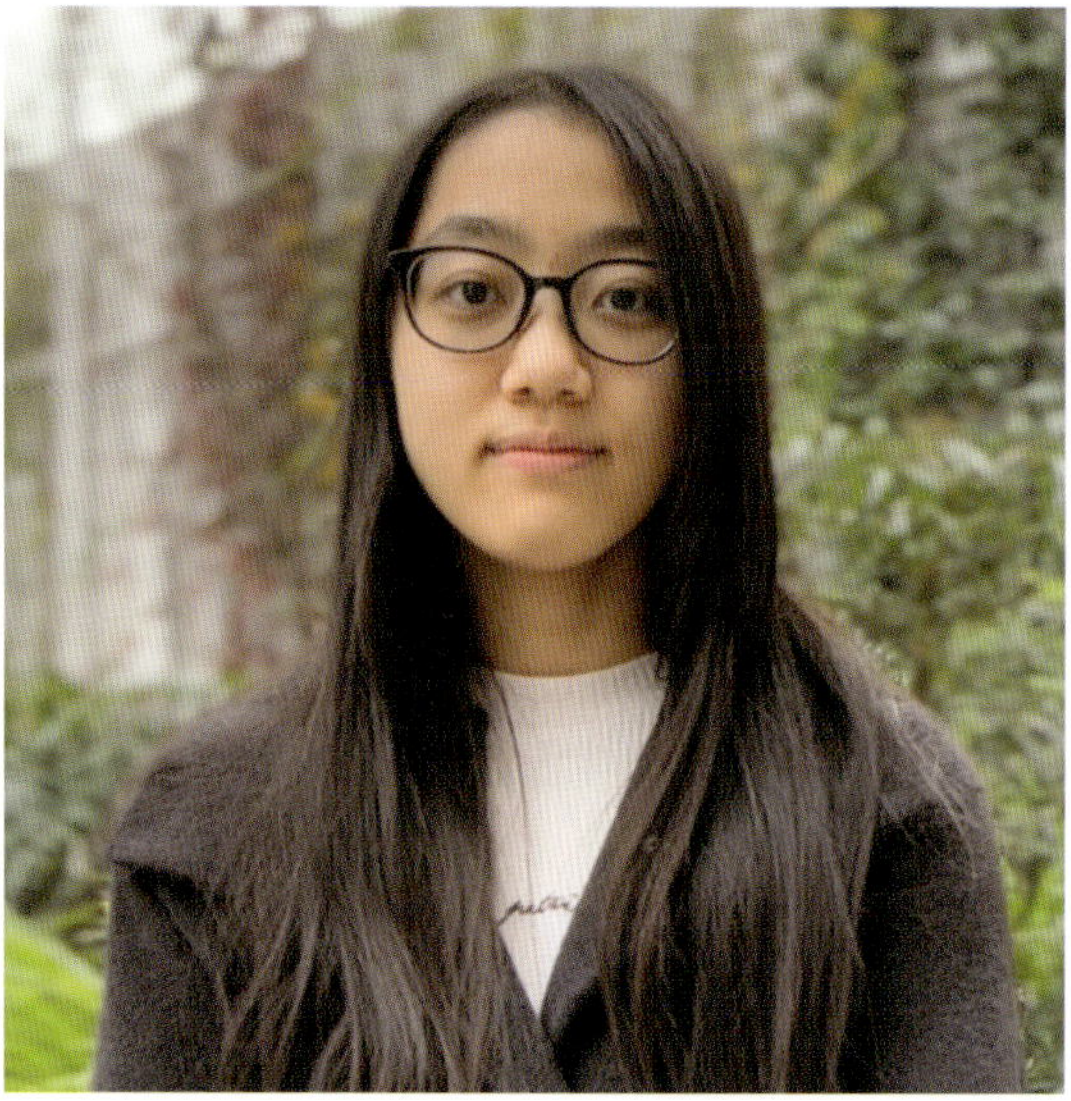

File: 03

NAME
モモカさん

THAT HAIRSTYLE SUITS YOU.

（前下がりのハンサムショート）

Cut Color Perm

前下がりのハンサムショートは、カッコいいスタイルの王道。前髪は鼻先にし、耳たぶが少し出るくらいの長さに設定するとハンサムな印象に。クールになり過ぎないよう、明るめのピンク系カラーでカラーリングし、可愛らしい印象を盛り込む。

After

HAYAKAWA'S ADVICE

ハイライトとシェーディング、ベージュ系のアイシャドウで陰影をつけて、骨格を強調したメイクでハンサムに。

MATSUKAWA'S VOICE

カッコいい系のファッションが好きな方にオススメです。また、ストレートの印象のデザインなのでクセ毛の方は同じ印象が作れるのかを担当美容師に相談できると◎。

こんな方にオススメ

Type キレイ×モード系

○ストレートの髪質
○首の長さが指3本分以下の方

Before

File: 04

NAME

トヲルさん

THAT HAIRSTYLE SUITS YOU.

(前髪長めのマッシュショート)

Cut Color Perm

可愛らしい印象を与えるマッシュショートは、前髪を目にかかる程度にするとややモードなデザインになり、ただ可愛いだけではなく雰囲気が出せる。また、後頭部のウエイトは耳後ろ付近がバランス上々。カラーはやや明るめのアッシュ系で、軽やかで自然な仕上がりに。

After

HAYAKAWA'S ADVICE

髪色に合わせて眉もアッシュの眉マスカラでカラーリング。真っ赤なリップでモード感を高めます。

MATSUKAWA'S VOICE

もみあげを耳たぶ付近まで短くするとよりマッシュ感が出て可愛いです。顔まわりが割と出るデザインなので抵抗がある方はもみあげを長めに設定しても◎。耳にかけると近いデザインになります。

こんな方にオススメ

Type **可愛い×モード系**

○首の長さが指3本分以下の方

○毛量の多い方

Before

File: 05

NAME

フユカさん

THAT HAIRSTYLE SUITS YOU.

(ウルフベースのモードパーマ)

Cut Color Perm

　流行のウルフカットをベースにし、前髪はやや長めに。リッジ（波状の形のライン）強めのパーマを合わせてオシャレ上級者感を演出。とくに前髪ともみあげはさらにリッジを強くしてパーマ感を際立たせる。カラーはピンク系にして、可愛らしい印象をプラス。重過ぎず、軽過ぎずのバランスのよいデザイン。

After

HAYAKAWA'S ADVICE

甘くなり過ぎないように、オレンジ系のアイシャドウとリップでヘルシーさとシャレ感を引き出しています。

MATSUKAWA'S VOICE

モード感を出したい方にはリッジの強いパーマは上位の選択肢。スタイリングでウェットに仕上げてボリュームをおさえているので、広がりやすい髪の方でもパーマヘアは相性◎。またウェット系のスタイリング剤をつけてから自然乾燥でもOK。

こんな方にオススメ

Type 可愛い×モード系

○毛量の多い方

○髪を乾かすのが面倒

Before

File: 06

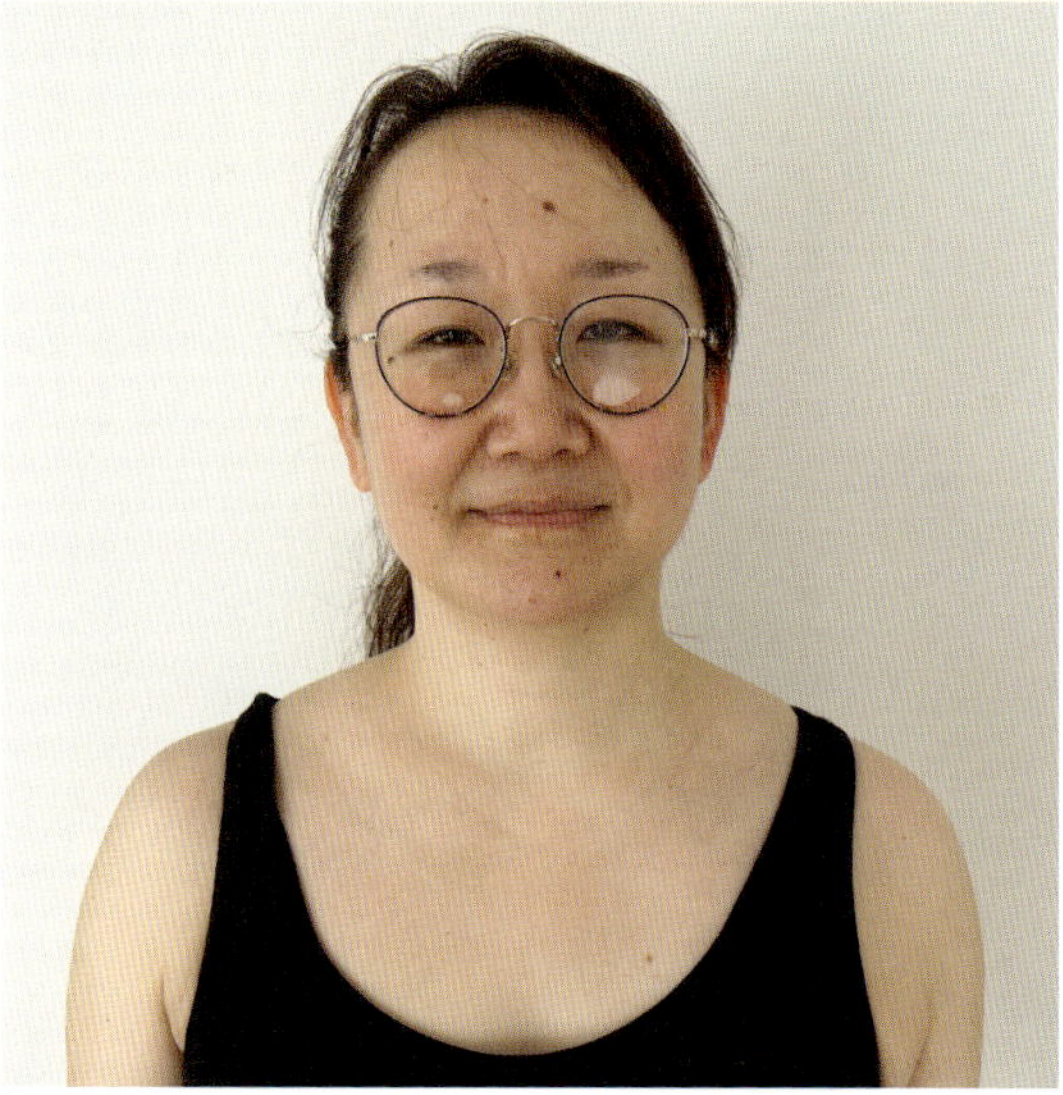

NAME

リリさん

THAT HAIRSTYLE SUITS YOU.

(厚めバングのワンレンマッシュ)

Cut Color Perm

ナチュラルな印象を与えるセミロングのワンレンヘアに、耳まわりまで広く切り込んだラウンド系のマッシュスタイルをMIX。重めの前髪が若々しさを引き出す。カラーは7レベルのアッシュ系で暗めに設定して、少し攻めた大人可愛いヘアに。

After

HAYAKAWA'S ADVICE

オレンジ×グリーンの組み合わせの目元にし、オレンジみのあるリップを合わせて、フレッシュさと可愛らしさを演出。

MATSUKAWA'S VOICE

前髪を広く、重くしているので実年齢よりも若見えします。さらに髪の色を暗めにすることで、無理なく"大人可愛い"に寄せられます。顔まわりが出るデザインに抵抗のない方にオススメです。

こんな方にオススメ

Type 可愛い×モード系

○額が広い方

○若々しくなりたい方

Summary

古くならないための
トレンド力の磨き方

私は〝流行8割、似合わせ2割〟のバランスでおひとりおひとりに合ったヘアスタイルを提案しています。お客様の視点からすると、**時代の潮流で生まれたオシャレなものを、自分の雰囲気とミックスさせること**です。そのために必要なのは、「時代とともに変化していく〝オシャレなもの〟をこれはオシャレだな、と感じとる力」とそれを「選べる力」、さらに「再現できる美容師」の存在。この**3つの掛け算で、あか抜けるかどうか**が決まります。掛け算なので3つのうちひとつでも「ゼロ」だと実現不可。ご自身に合った今どきのヘアスタイルにはならないので要注意です。

by
マツカワリュウドウ

オシャレなものを
オシャレと感じとる力

×

選べる力

×

再現できる美容師

の
掛け算であか抜ける!

マツカワさんとハヤカワさんの手にかかれば
家族、友人、同僚、近所の人までも
同一人物とは気づかないレベル。
いざ、2名のイメチェンぶりに、震えましょう！

TRANSFORMATION THROUGH HAIR & MAKE UP

CHAPTER 3

#THE FIRST CHANGE
～別人級の変身ヘアメイク～

Before

Take Off Glasses

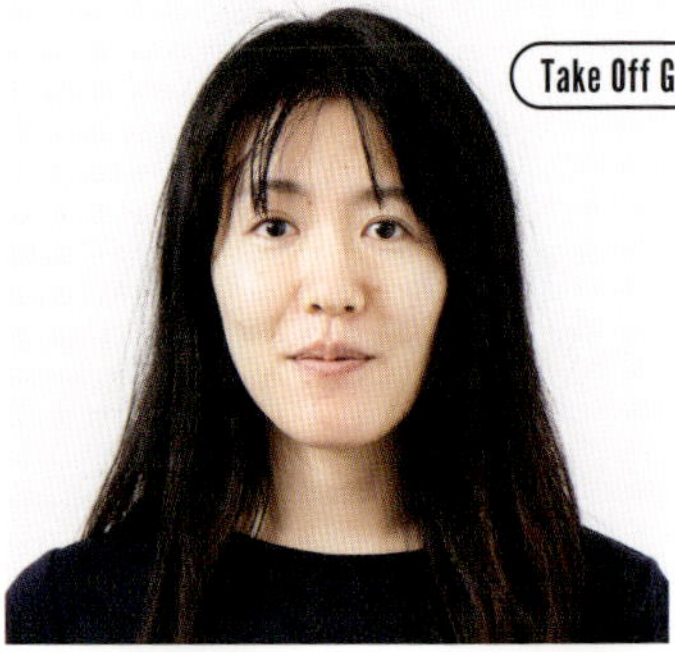

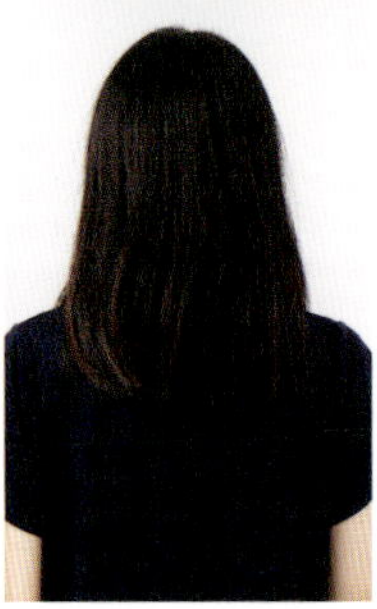

Hair & Make Up Data

ここ数年はカラーリングはしておらず、地毛の色で、毛量は多めのロングヘア。カットの頻度は半年に1回程度。メイクではカラーはあまり使わず、ファンデーションで肌を整え、眉を描いて、リップで血色を与える程度。

Name

Namiさん
age: 36

Need Your Advice!!

「教員をしており、落ち着いたヘアメイク、服装が求められていましたが、最近、芸術系の職場に移動して、すべてが自由になりました。いろいろやってみたい思いはあるものの、これまでマジメに過ごしてきたので、自分ひとりでは新しいことをする勇気がありません…」

After

**リッジのきいたウルフパーマで
スタイリッシュな雰囲気に！**

こんな方にオススメ

Type 可愛い×モード系

○ヘアアレンジもしたい
○髪を乾かすのが面倒

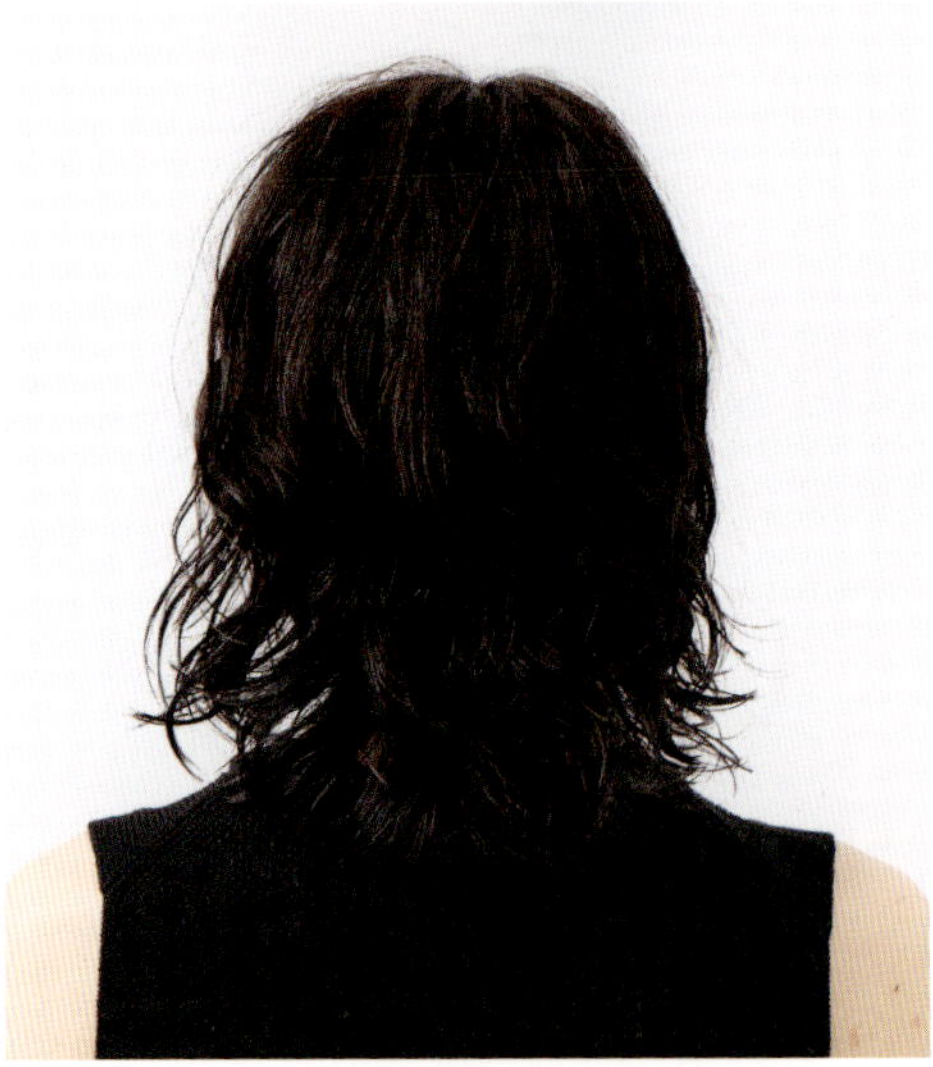

HAIR STYLE DATA

Cut

セミロングのウルフカット。ウルフはトップにマッシュヘアのような丸みがあり、ボトムは襟足部分を長く、軽くしたスタイル。セミロングに設定すると、可愛らしい印象を残しながらシャレ感が出せる。

Color

ヘアには軽さを出し、肌には明るい印象を与えてくれる、オレンジ系のカラーをチョイス。やや攻めた雰囲気を作りやすい。

Perm

カールの動きが強め（リッジ）のスパイラルパーマをプラス。前髪と襟足付近の髪はとくにカールが強く出るようにして、モードなムードをまとわせる。

「初パーマ、カラーリングも数年ぶりのことだったので、新しい自分を見せてもらえました。鏡を見て思わず、『これ、誰?』と言ってしまうくらい知らない人がそこにいました。今まではひとつ結びで過ごすことが多かったですが、ダウンスタイルが楽しくなります」

STYLING

ジェル状のスタイリング剤を濡れた髪につけてウェット質感に仕上げれば、一気にあか抜け！　指の腹側に第二関節分の量を2回出して、指の腹全体にジェルをのばし、襟足、後頭部、トップの順になじませて、手に残った分で前髪や表面を整える。

ツヤのある濡れ髪質感を作るオイルジェル状のスタイリング剤。ダンスデザインチューナー モダンシマー／アリミノ（マツカワさん私物）

A. 強めラメ＆オレンジ系アイパレット。RMK シンクロマティック アイシャドウパレット EX-08（限定色）／ RMK Division **B.** シアーブラックのマスカラ。ウォンジョンヨ ヌードアイラッシュ 01 ／ Rainmakers **C.** 黒に近いブラウン。ヒロインメイク プライムリキッドアイライナー リッチキープ 02 ／ KISSME（伊勢半） **D.** モーブブラウン系の配色。セザンヌ ノーズ＆アイブロウパウダー 04 ／セザンヌ化粧品 **E.** くすみオレンジの眉マスカラ。デジャヴュ アイブロウカラー ベイクドオレンジ（限定色）／イミュ（すべてハヤカワさん私物）

F. モーブのニュアンスを宿したローズカラー。hince デューイーリキッドチーク LC004 ／ hince **G.** 微細なパールで肌に自然なツヤと明るさ。ローラ メルシエ マットラディアンス ベイクドパウダー ハイライト 01 ／ローラ メルシエ ジャパン **H.** ヘルシーな血色感を与えるヌーディブラウン。ケイト パーソナルリップクリーム 06 ／カネボウ化粧品 **I.** みずみずしいツヤの黄土色リップ。RMK リクイド リップカラー EX-08（限定色）／ RMK Division（すべてハヤカワさん私物）

Eye & Eyebrow

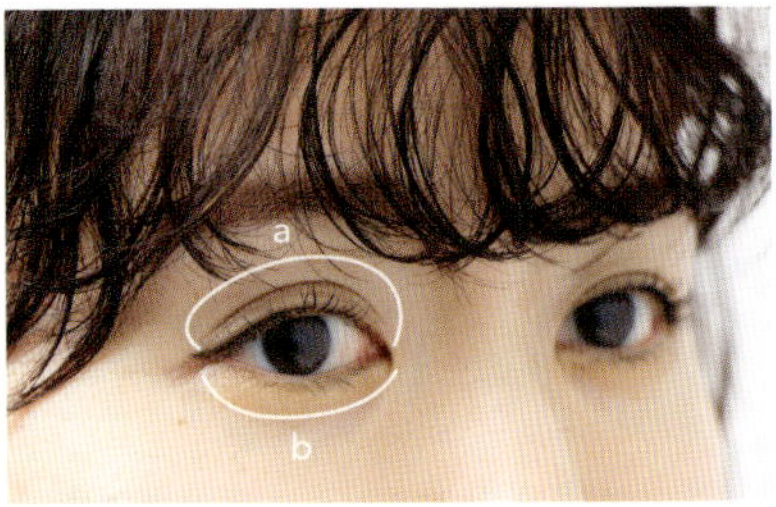

［**EYE**］くすみトーンのラメの輝きで抜け感とモードを両立。目もとは、上まぶたにパレット**A**の**a**のカーキラメをアイホールにのせ、下まぶたに**b**のベージュラメを。**B**の黒マスカラを上下に塗り、**C**のリキッドライナーで上目尻だけにラインを。

［**EYEBROW**］眉は、**D**の左端のカラーと中間の色で全体の形を作り、**E**のオレンジ系眉マスカラでカラーリングして自眉の黒さを目立たなくして、あか抜け眉に。

Cheek & Lip

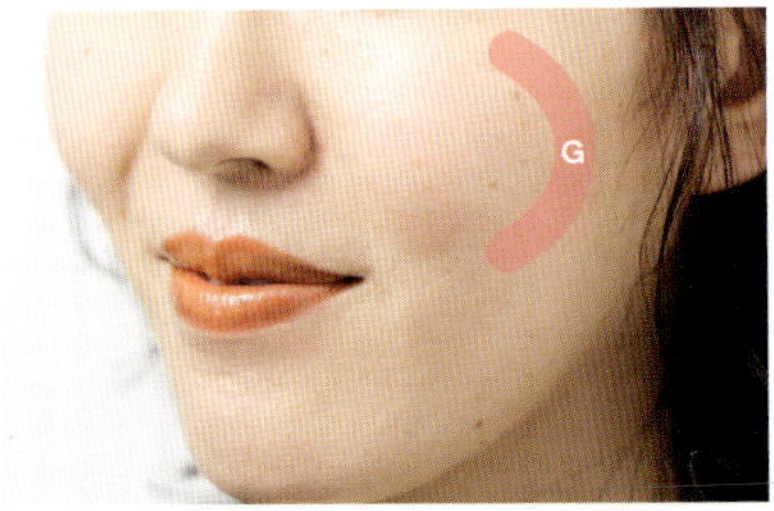

［**CHEEK**］リキッドファンデ後、**F**のピンクチークを頬にのせ、色がにじみ出る程度に頬全体へ指でぼかす。**G**のハイライトをニコッと笑って膨らむ頬の丸みに沿って“逆Cの字”に入れると頬の下の影が消えて丸くハリのある印象に。

［**LIP**］**H**の色つきリップクリームを唇全体に塗ってから、**I**の黄土色リップを輪郭をとりながら重ね塗り。赤みと黄みの絶妙配色リップに。

Base Makeup

潤いとツヤのあるナチュラルな肌作りを。まず、**J**の保湿系下地を顔全体に塗り、**K**の保湿兼毛穴補正下地を頬まわり、**L**の毛穴とテカリケア下地をTゾーンに塗る。**M**のリキッドファンデを顔の中心から外へぼかすように塗って立体感を出す。仕上げに**N**のパウダーでテカリが気になる部分をおさえて。

J. カサつき知らずの肌が続く。ローラ メルシエ ピュア キャンバス プライマー ハイドレーティング N／ローラ メルシエ ジャパン　**K.** 光の効果で毛穴レス。SHISEIDO フューチャーソリューション LX インフィニトリートメント プライマー／SHISEIDO　**L.** 毛穴、小ジワ、皮脂崩れの気になる部分に。ステップ1プライマー ポアミニマイザー／メイクアップフォーエバー　**M.** ツヤがあり、素肌のような仕上がり。HDスキン ハイドラ グロウ ファンデーション／メイクアップフォーエバー　**N.** 毛穴や小ジワを自然にぼかす。ウルトラHDルースパウダー／メイクアップフォーエバー（すべてハヤカワさん私物）

FACE POWDER

MAKEUP BASE

L

K

J

N

M

FOUNDATION

オレンジニュアンスメイクでヘルシー＆こなれ感を

(Arrange Style)

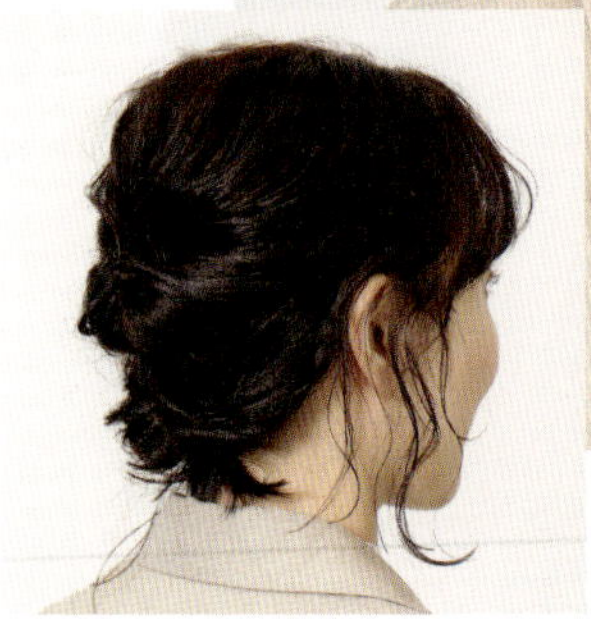

お仕事モードの日は
“くるりんぱ” のまとめ髪
& ミュートメイクで！

STYLING

耳まわりの髪をうっすら残して、ハチ上の髪をとり、ゴムで結んでハーフアップに。結んだ髪の間に毛束を通す“くるりんぱ”ヘアに。ボトムの髪もゴムで結び、同じようにくるりんぱ。

Makeup

[EYE] **A**の**a**の赤みを帯びたマットなイエローを下まぶた、**b**のマットなオレンジレッドを二重幅広めに入れて、囲み目に。**B**のブラウンマスカラを上まつげ全体に塗り、目尻側だけに**C**のオレンジマスカラを重ねてアクセントに。眉メイクはp054と同じ。
[CHEEK] 頬全体に**D**のレッドベージュをブラシでふんわりとのせる。
[LIP] **E**のオレンジブラウンリップを輪郭に沿って塗って完成。

ヘアアレンジをしたことがなかったのですが、くるりんぱは、簡単なのに手が込んでいるように見えますね。メイクは、ひとつのアイシャドウパレットで、また違う雰囲気のメイクになり感動です。アイシャドウパレットをうまく使えない身としてはとても勉強になりました。

A. マット×ラメ質感カラーで使い勝手良好。RMK シンクロマティック アイシャドウパレット EX-08（限定色）／RMK Division　**B.** 透け感のあるブラウンマスカラ。ウォンジョンヨ ヌードアイラッシュ J1 ミュートブラウン（限定色）／Rainmakers　**C.** オレンジ系のマスカラ。キャンメイク クイックラッシュカーラー BO／井田ラボラトリーズ（廃番）　**D.** 毛穴ぼかし効果も搭載した、レッドベージュチーク。パステルペタル ブラッシュ 05／ジルスチュアート　ビューティ　**E.** ちゅるんと質感のオレンジブラウンリップ。Laka フルーティーグラムティント 107／アリエルトレーディング（すべてハヤカワさん私物）

Before

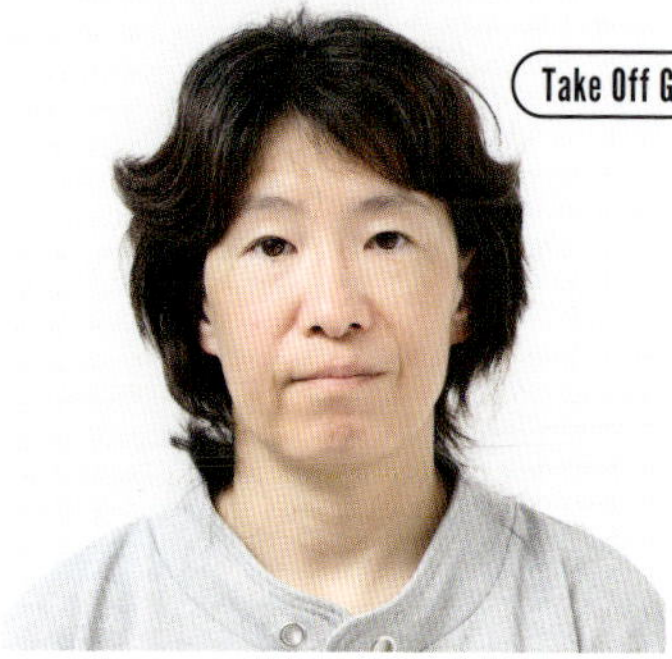

Take Off Glasses

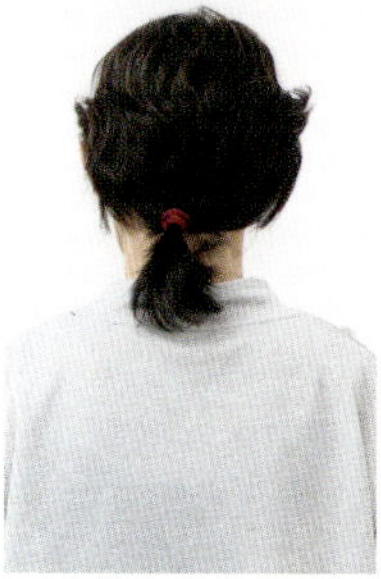

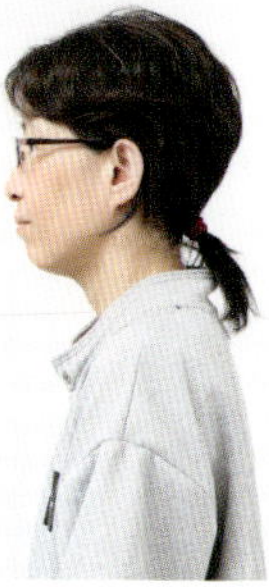

HAIR & MAKE UP DATA

毛量が多く、クセが強い髪質。カットは1000円カットのようなお店で1～2か月に1回くらい。白髪染めを自宅でたまに行っている。メイクはまったくしておらず、日焼け止めも塗らない、完全なすっぴん派。

NAME

タッチャンさん

age: 50

Need Your Advice!!

「振り返るとメイクをしたのは結婚式のときだけ。オシャレやメイクに無頓着のまま、ずっと過ごしてきました。今年、50歳になる節目として、自分を変えたい！と思ったのですが、今までまったく通ってきていない道のため、ぜひとも導いていただきたいです」

After

ツヤ感のあるショートボブで
品よくあか抜け！

こんな方にオススメ

Type **キレイ×ナチュラル系**

○首の長さが指3本分以下の方

○小顔印象になりたい

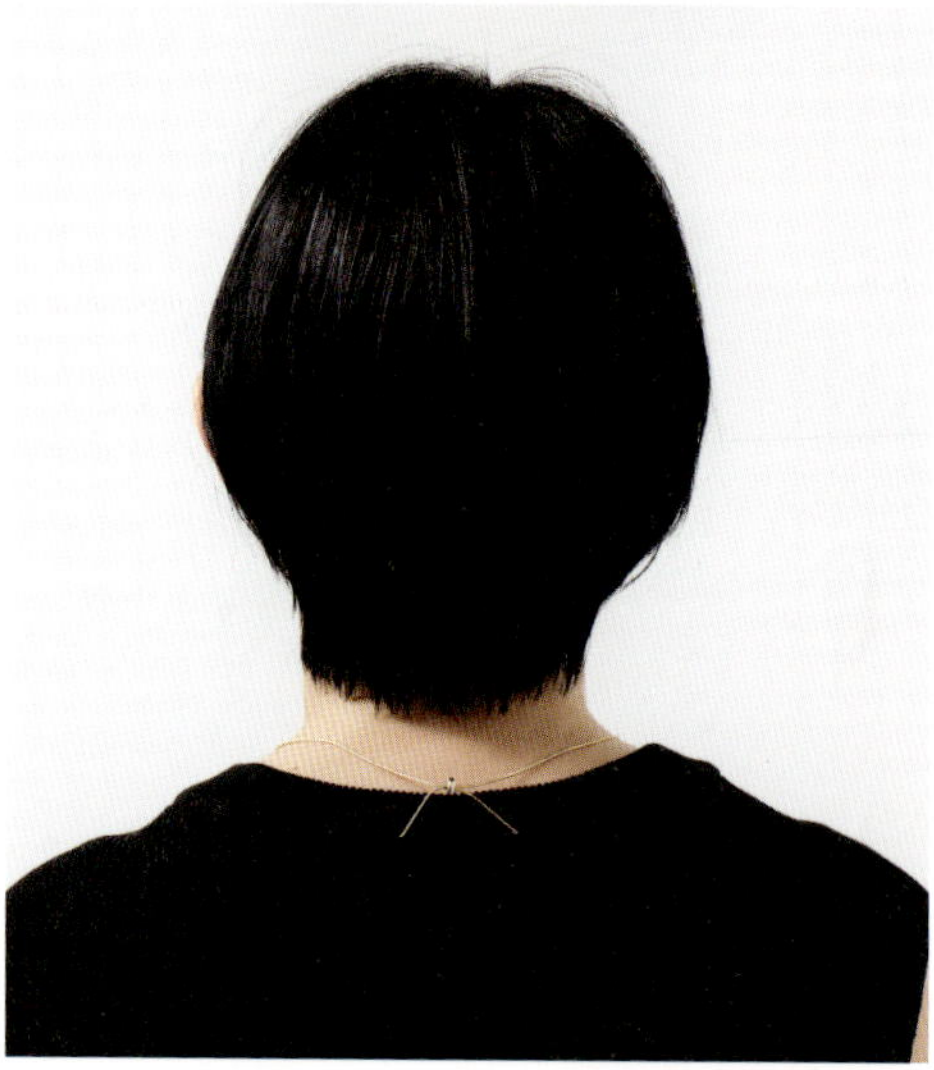

Cut

前髪を軽めに作ったショートボブで、大人っぽくかつ爽やかな雰囲気に。前髪は長めに設定し、こめかみが隠れる長さのサイドバングにして小顔印象を狙う。またサイドバングは、年齢を重ねて、こめかみが凹んでいる方のカバーにも。

Color

根元は白髪染めを施し、中間から毛先は地毛の色に溶け込む、青みを混ぜたダークなカラーでオシャレ染め。

Straight Perm

「酸性ストレート」でクセ毛を伸ばし、ストレートヘアに。アルカリを使った一般的な縮毛矯正よりも作用が穏やかで髪が傷みにくく、手触りもサラサラで柔らかに仕上がる。

硬く、クセが強くて扱いにくかった髪が、サラサラのストレートになって感動です。人生で初めてのオシャレなヘアになりました。ヘアアイロンでのスタイリングも、部分的に使うだけでいいのが私でもできそうで、早速、取り入れようと思います。

1.

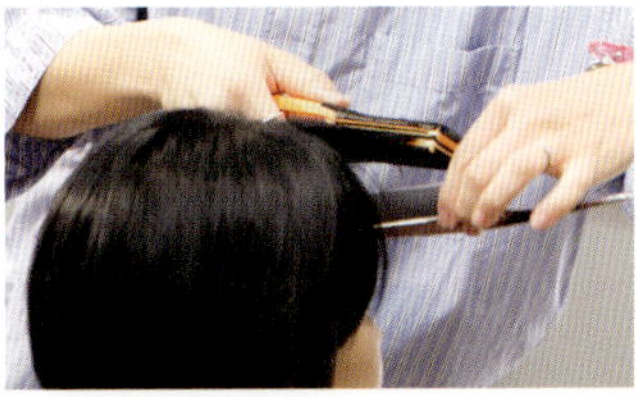

2.

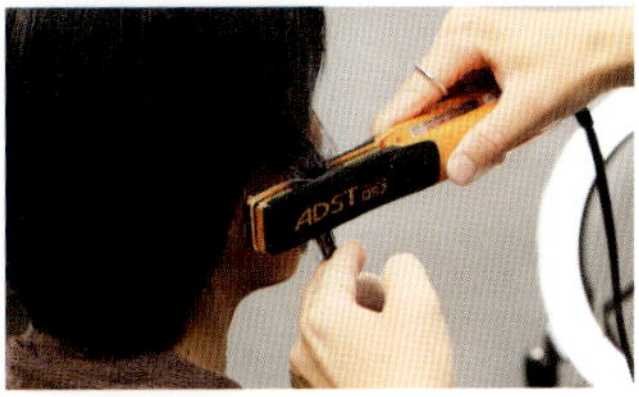

3.

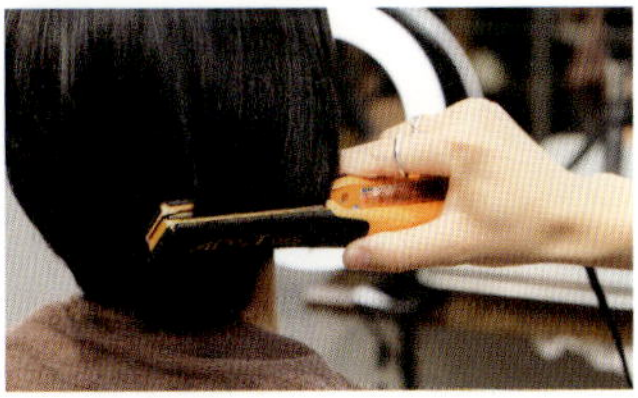

STYLING

1.前髪、2.もみあげ、3.後頭部付近の表面の髪を、それぞれ160℃のヘアアイロンでワンカールし、丸みをつけるだけ。この3か所に丸みがつくだけで、可愛らしい印象になる。

Eye & Eyebrow

A. 重ねるアイシャドウの発色を高める。ケイト カラーコントロールアイベース EX-3（限定品）／カネボウ化粧品　B. 血色感ブラウン。エクセル スキニーリッチシャドウ SR11／常盤薬品工業　C. 束感まつ毛に。キャンメイク メタルックマスカラ 01／井田ラボラトリーズ　D. 下地、トップコートにも。キャンメイク クイックラッシュカーラー BR／井田ラボラトリーズ　E. 繊細なラインが引ける。ラブ・ライナー リキッドアイライナー R3 ダークブラウン／msh（廃番・後継品あり）（すべてハヤカワさん私物）

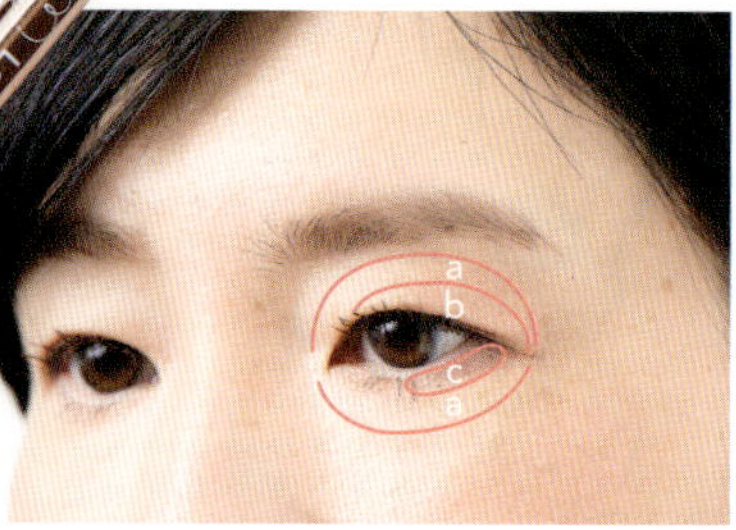

［EYE］Aのアイベースを上下まぶたに塗る。Bのaを上下まぶたに、bを二重幅広め、cを下まぶた目尻にオン。下まつ毛にCの黒マスカラ、上まつ毛にDの茶マスカラを。下まつ毛を黒にすることで、目の縦幅を拡張するのと同時に、頬の余白を埋めて小顔効果も。Eのリキッドライナーで目尻長めにラインを引く。
［EYEBROW］眉下の余分な毛をシェービングして形を整えておく。Fの眉ペンシルで毛の足りない部分を描き足し、Gの右上のコーラル系を左中央のブラウンに混ぜて眉全体の形を整える。Hの眉マスカラで自眉よりも明るくするとあか抜ける。

F. 適度な硬さとなぎなた削りで眉を描きやすい。ハード フォーミュラ ハード9 シールブラウン／シュウ ウエムラ　G. レッドブラウン系。ケイト デザイニングアイブロウ3D（デュアルカラー）EX-6／カネボウ化粧品　H. アッシュグレー。ヘビーローテーション カラーリング アイブロウ 08／KISS ME（伊勢半）（廃番・後継品あり）（すべてハヤカワさん私物）

血色感もUPのピンクメイクで
カジュアルななかにレディ感

I. ピンクチーク、ハイライト、シェーディングがセット。RMK シェイド & グロウ フェイスパレット 01 ／ RMK Division　**J.** ポッと上気したような肌に。NARS アフターグロー リキッドブラッシュ 02799 ／ NARS JAPAN（すべてハヤカワさん私物）

Cheek & Lip

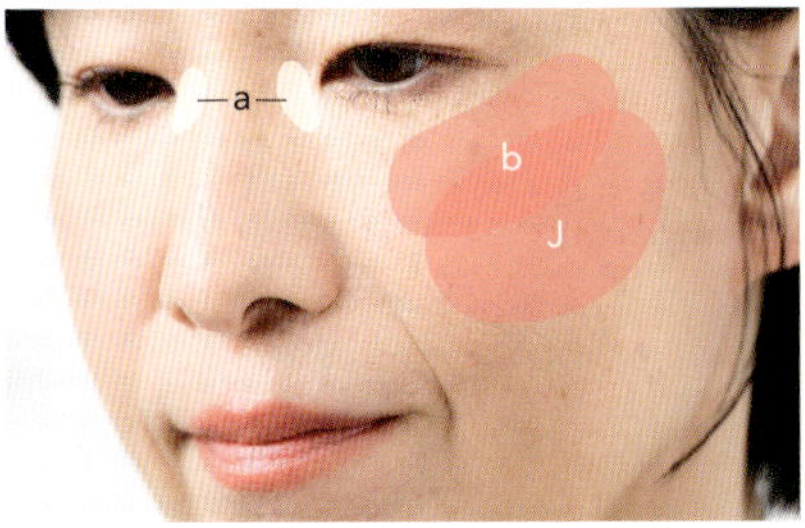

［**CHEEK**］**J**のチークは、ベースメイクのパウダー前に。ニコッと笑って頬が膨らむ部分にぼかす。メイクの仕上げに、目頭に**I**のaをのせて目もとを明るくしつつ、立体感を。頬骨上に**I**のbのハイライトを重ねて立体感とツヤ感を足す。メリハリと血色のある顔に変身。
［**LIP**］**K**のリップクリームを塗り、保湿と血色アップを。**L**のピンクのリップライナーで上唇は丸みをつけてややオーバーに、下唇の底辺もオーバーに塗ってふっくらとした丸みと厚みを演出。

I

HIGHLIGHT

LIQUID
CHEEK

J

LIP
CREAM

K

LIP
LINER

L

K. 唇の縦ジワを目立たなくしながら血色をプラス。ケイト パーソナルリップクリーム 06 ／カネボウ化粧品　**L.** 粘膜のようなピンクペンシルで唇の面積を拡張。影色で輪郭をなぞるとボリューム感UPに使える設計。アルム オーバーリップペンシル 01 ／ BCL（すべてハヤカワさん私物）

Base Makeup

ベースは潤いとハリのある肌を目指して。鼻まわりに**N**のテカリ防止下地を塗り、ここ以外の部分に**P**の保湿とツヤが出せる下地を塗る。顔の中心から**O**のリキッドファンデを薄く塗り、顔まわりはぼかす。**J**のリキッドチークを塗ってから、**M**のフェイスパウダーを顔全体にブラシでふんわりのせて毛穴レス肌に。

M.自然な光沢感を与え、毛穴や小ジワを目隠し。NARS ライトリフレクティングセッティングパウダー プレスト N／NARS JAPAN　**N.**皮脂を固める粉体配合で、ファンデのノリともちを格段に高める。プリマヴィスタ ファンデブースト〈皮脂くずれ防止〉／花王　**O.**引き締まったような、ハリ感のある肌に。SHISEIDO シンクロスキン ラディアントリフティング ファンデーション／SHISEIDO　**P.**スキンケア効果と光の効果でうるツヤ肌。SHISEIDO フューチャーソリューション LX インフィニトリートメント プライマー／SHISEIDO（すべてハヤカワさん私物）

AFTER TALK

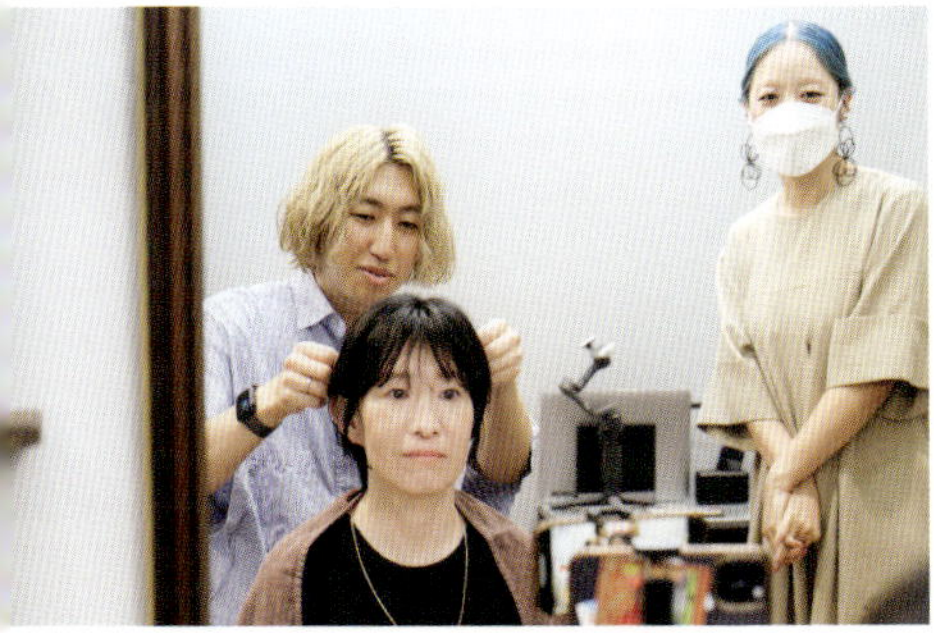

M＝マツカワさん
H＝ハヤカワさん

ポテンシャルの高いおふたり。すぐに方向性が決まりました！

M Namiさんは、応募写真を拝見した瞬間に、〝原石！〟と感じましたね。美大に勤務する英語の先生だそうで、美大なら、かなり攻めたヘアスタイルができるぞ、というのも響いたかな。

H 綾瀬はるかさんみたいなお顔立ちで、しゃべり方も似ていて、お話ししていてすごく和みました（笑）。

M ねぇ〜。結構、個性的なヘアスタイルではあったんだけど、前髪のクシャクシャってなった感じを受け入れてくれてよかった（笑）。

H とても似合ってたよね。美容師が好きなヘアスタイル。オレンジ系でカラーリングをしていたので、メイクもリンクした色にしてみました。

M 本当はもっと明るくしたかったんだけど、最近はカラーリングをされていない髪質だからなかなか色が入らなくて、思ったほど明るくならなかったのは心残り。

H ニュアンスは出てましたよ。あと、スタイルがとてもよくて、2スタイルともお洋服がよく似合ってよかった。

M 洋服のコーディネートも我々がやって、プレゼントしてるからね。

H タッチャンさんもスタイルがよくて。選んだ服もお似合いでした。スポーツ、何されてると思います？

M ボクシングだよね？ 応募動機にちゃんと目を通してるから。

H ですよね（笑）。あと、肌がキレイなので「何をしてるんですか」って伺ったら、何もしてなかったんです。

M 特別なことを？

H スキンケアそのものを。看護師さんをされているというのもあって、肌の知識はおもちだから、肌がひどく乾燥してツライときは処方薬のヒルドイドでケアしているそうです。

M そんなタッチャンさん、すごく変身したよね。〝酸性ストレート〟でギリギリ対応できる髪質だったのもよかった。もっと多毛で硬毛で波状毛だと効果が弱かったから。

H おふたりとも想像以上にイメチェンしていて、感動です！

feat. Yukari Hayakawa

メイクだけではなく、YouTubeオープニングのイラストも担当

イメチェン企画のメイク担当のお話をマツカワさんからいただいたとき、「手元だけなら…」と顔出しNGを希望したのですが、許されず(笑)。ただ、ちょうどコロナ禍に始まった企画だったのでオープニングトーク以外は必然的にマスク着用だったので「…このくらいならまぁいっか」という感じで。現在もオープニング以外はマスクスタイルがデフォルトです。

動画のオープニングのイラストも描かせていただいています。昔から絵を描くのは好きで、それを知っていたマツカワさんから、「動画のオープニングにメイクのデザイン画を描いている感じを入れたい」と相談があり、担当することになりました（笑）。マツカワさんの頭のなかの編集イメージに必要なものは、描ける限り描きたいと思っています！

オープニングのイラストのモデルは
その回の変身モデルさん

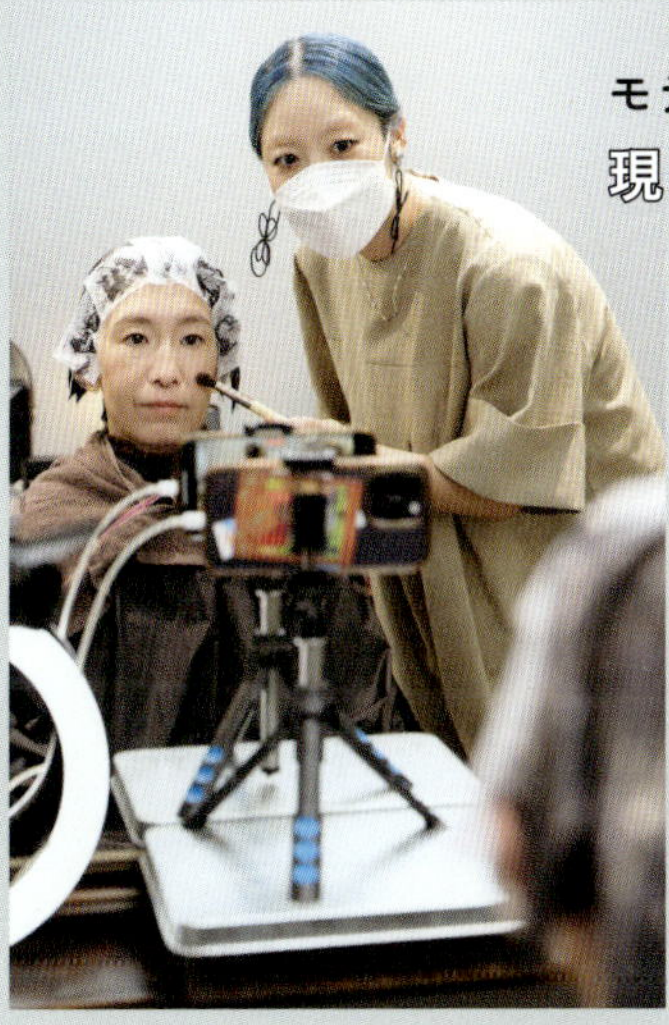

モデルさんの緊張をほぐして、
現場が和むようにおしゃべり

マツカワさんがヘアを
やっているときは撮影担当にも

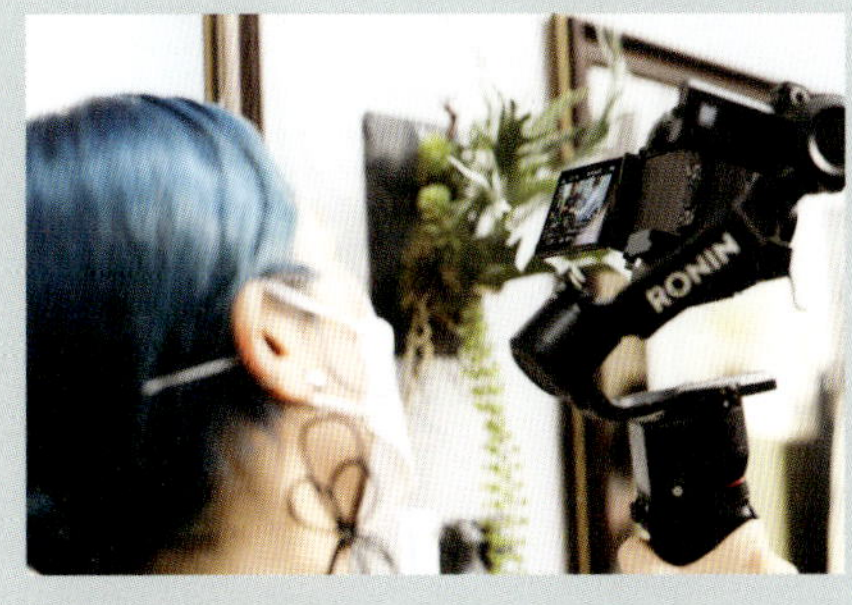

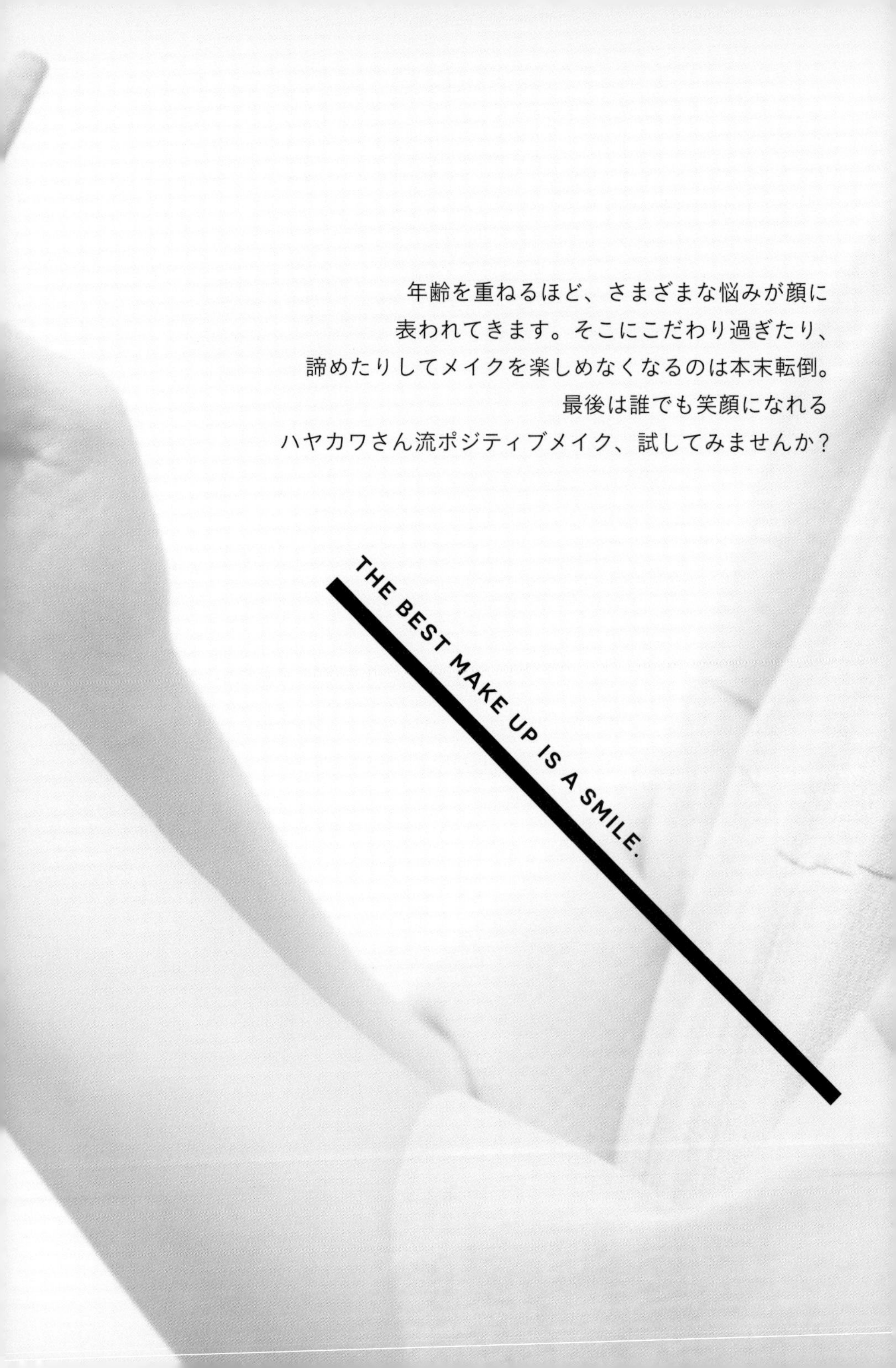

年齢を重ねるほど、さまざまな悩みが顔に
表われてきます。そこにこだわり過ぎたり、
諦めたりしてメイクを楽しめなくなるのは本末転倒。
最後は誰でも笑顔になれる
ハヤカワさん流ポジティブメイク、試してみませんか？

THE BEST MAKE UP IS A SMILE.

CHAPTER 4

最高のメイクは“笑顔”

若見えフェイスのコツは「××し過ぎない」

私はその方に似合うナチュラルなメイクを提案していて、ナチュラルの範囲内で、**可愛いやキレイといった**メイクの振り幅を調整しています。その際、もっとも気をつけているのが、**塗り過ぎない、白過ぎない、下げ過ぎない…といった「×××し過ぎない」**です。10代、20代はいろいろし過ぎていても〝可愛い〟で片付けられますが、30代以降の**「×××し過ぎ」は老け見えに直結します。**自分にとっていいバランスを知ることが大切です。

そして、とにかく**手軽に、確実に若見えを叶えてくれるのが、〝笑顔〟**です。頬と口角がググッと上がって、最上級のリフトアップ効果です！　笑顔を絶やさない方は、自然に可愛く見えるので周囲に与える印象もいいですよね。**笑顔でいる→若々しいと褒められる→また笑顔になる。**こうした**いい循環が自己肯定感までも高めてくれる**と思います。

10年前と同じ感覚で
メイクをしていると

「ツヤ」と「ほどよいカバー力」を備えたファンデーションを選ぶ

(Foundation)

今の肌のトレンドは「ツヤ」と「薄膜感」です。カバー力が高過ぎる、マット過ぎる肌は老けて見えるもとになります。かといって薄づきなだけだと、今度はコンシーラーをたくさん使うことになります。**コンシーラーを使わなくてすむなら使わない**というのが私の考えなので、いいところを狙うなら、**薄膜でツヤがあって、ほどよいカバー力のあるファンデーション。色みは明る過ぎない=白過ぎないものを選びます**。明る過ぎる色を塗ると顔と首の色の差が際立ち、老けた印象を招きます。

薄膜、ツヤ、ほどよいカバー力を備え、しかも崩れにくいファンデーションとして私が愛用しているのはこの2品。「メイクアップフォーエバー HDスキン ハイドラ グロウ ファンデーション〈右〉」と「SHISEIDO シンクロスキン ラディアントリフティング ファンデーション〈左〉」。それぞれ濃淡2色を常備していて、その方の肌のトーンに合わせて、色を混ぜて調節しています。

首にもトーンアップ下地を塗れば白浮きを防げる！

顔が白浮きして見えるのは、顔と首の色の差が大きいからです。この色の差を小さくすれば、明るい色のファンデーションを使っても白浮きして見えません。色の差をなくす方法はとても簡単で、**トーンアップ下地を顔だけでなく首まで塗ること**です。トーンアップ下地とはその名の通り、肌の色を明るくしてくれる化粧下地で、色や輝きでトーンアップを果たします。首までのばすときも厚塗りは厳禁。薄く、を心がけて、ワントーン明るくなればＯＫです。明るいベースメイクをしたい場合や顔と首の色の差が気になる方はこの方法を試してみてくださいね。

この方法だけでカバーしきれない頬の赤みやくすみ、色ムラなどがある場合は、コントロールカラーを使います。こちらも下地の一種ですが、グリーン、ブルー、イエロー、ピンクなど色ムラに対しての補色（色相環でいう反対色）を重ねることで色みを打ち消します。顔全体から首まではトーンアップ下地を薄く塗り、**色ムラが気になる部分にだけピンポイントでコントロールカラーを使うのが白浮きさせない秘訣。意味のないところにはのせないのが鉄則**です。

(Tone Up Base)

トーンアップ下地は、「ラ ロッシュ ポゼ」と「SHISEIDO」を使っています。〈右から〉「ラ ロッシュ ポゼ UVイデア XL プロテクショントーンアップ」にはクリア、ホワイト、ローズの3色があります。どれもトーンアップできるので、毛穴、テカリが気になるならクリア、赤み・くすみ対策ならホワイト、血色が欲しいならローズといった感じで選ぶのがいいです。「SHISEIDO フューチャーソリューション LX インフィニトリートメント プライマー」は、パール感があって内側から発光する感じ。スキンケア効果があり、保湿感も高いので首までのばしがいがあります。

(Control Color)

コントロールカラーは、〈右から〉「ウォンジョンヨ トーンアップベース NA 01」のブルー、「リリミュウ トーンアップカラープライマー」はイエローとグリーンをよく使っています。ブルーは肌に透明感を出したいとき、イエローはくすみ消し、グリーンは赤みを目立たなくしたいときに取り入れています。全顔に使えるコントロールカラーもありますが、白浮きを避けたいなら、必要なところにだけ塗りましょう。

仕上がりがキレイなだけじゃダメ！崩れるときもキレイに

ベースメイクは、仕上がりの美しさは当然、崩れにくさに加えて、崩れ方がキレイということも大事にしています。毛穴をカバーしたいばかりに、ファンデーションを一生懸命塗り重ねると、時間とともに**皮脂や汗でドロドロに崩れて地獄みたい**になってしまいます。塗り重ねてベースに厚みが出るほど崩れ方が汚くなるので、**最小限のアイテムを、薄〜く塗るというのがポイント**です。

皮脂を吸着して、皮脂による化粧崩れを防ぐ下地があるので、まずはそういった専用のアイテムを使い、皮脂が出やすい部分に仕込みます。経験上8割の方が夕方までにはTゾーンが崩れていますね。ご自身で自覚があると思います。その後、**ファンデーションを薄く**塗ります。毛穴を完全に隠す必要はありません。ここでは質感や均一な肌の色作りを優先に。そして**仕上げに粒子の細かいフェイスパウダー**をヴェールをかけるようにブラシで肌にのせます。**光で毛穴や小ジワ、凹凸の影などを飛ばして、つるんとフラット**にしてくれます。

Make Up Base

化粧崩れを防ぐことに並々ならぬこだわりがあって、いろんな専用アイテムを使ってきましたが、「プリマヴィスタ」を超えるものにはまだ出合えていません。〈右から〉「プリマヴィスタ ファンデブースト〈皮脂くずれ防止〉」は、ミルキーな使用感で、スーッと肌になじみます。乾燥感もありません。黒いほうの「プリマヴィスタ スキンプロテクトベース〈皮脂くずれ防止〉 超オイリー肌用」は、ギラギラしたテカリすらもマットにする“無敵”の下地です。そのため、男性の使用率も高いそうです。

Powder

フェイスパウダー自体にファンデーションの定着をよくして、化粧崩れを防ぐ、肌のキメを整えて毛穴を目立たなくするといった役割があります。ツヤ、マットめ、ふんわりといった仕上がりの好みで選ぶといいですね。〈右上から〉「プリマヴィスタ EXマットパウダー 超オイリー肌用」は、使って感動！ 崩れ知らずってこういうことかと。「メイクアップフォーエバー ウルトラHDルースパウダー」は、ツヤ控えめで、透明感が欲しいときに。〈左上から〉「コスメデコルテ ルース パウダー 00」はツヤ肌にしたいときにオススメ。「NARS ライトリフレクティングセッティングパウダー プレスト N」は、リピートしています。自然なツヤと肌がキレイになる感じがいいですね。

マットな肌になり過ぎたら フィックスミストで ツヤ復活！

もともとフェイスパウダーでマットな肌に仕上げるのが好きだったのですが、**時代の流れはツヤ肌**のニーズが高まり、マットではいられないぞ、となってきました。とはいえ、私をはじめ、どうしてもパウダーをしっかりのせたいという方もいて…。そんなときにはメイクの最後に「フィックスミスト」を吹きかけると、あんなにパウダーをのせたのに？と思うくらい、自然なツヤが出てきます。

「フィックスミスト」とは、メイクを定着させるためのミスト状化粧水です。メイクの最後に顔全体にシュッシュッと吹きかけて、化粧崩れを防ぎます。**朝のキレイな仕上がりをキープしてくれる優秀アイテムですが、マットになり過ぎた肌のリカバリー**にもなるのでオススメです。マットな肌は厚塗りに見えやすくのっぺりした印象になり、ひと昔前の顔になりやすいので時流にのるならツヤ肌が安心です。

〈右から〉「メイクアップフォーエバー ミスト＆フィックス」はビックリするくらいメイクが崩れにくい。ツヤ感を出したいとき、乾燥したときの潤いチャージに。「コーセーコスメニエンス メイク キープ ミスト EX+」も崩れ防止、保湿、自然なツヤ出しに使っています。マット肌が似合うかも、とモデルさんにやってみたけど、スッピンが一番若く見えた…というとき、このミストで素肌感のあるツヤに戻しています（笑）。プロとして老けさせたら負けです。

Fix Mist

凹んだこめかみは「ピンクハイライト」でふっくら

(Pink Highlight)

ハイライトはその輝きによって、肌にツヤ、ハリ、立体感、ふっくら感を与えてくれるアイテムです。入れる場所や輝きの度合いによって狙える効果は変わってきます。30代後半以降のモデルさんの多くは、「ハリ感のある肌」を求められているのでハイライトで対応しています。頰の位置を高くしたいというときには、**頰の一番高いところからこめかみ方向にぼかすように微細なパールのツヤのハイライトを入れてリフトアップ感**を出します。年齢を重ねて肌がしぼんできたというときには〝肉感〟の欲しいところにハイライトを入れるのがオススメです。ただし、気をつけたいのが、**ギラギラとした輝きのハイライトは毛穴の存在を目立たせる**ので、肌になじむツヤを意識して選ぶといいですね。

とくに**こめかみは加齢でしぼみやすい部分で、ここが凹んでいると一気に老けた印象に**見えてしまいます。そのため、こめかみにもハイライトを入れるんです。**ホワイト系のハイライトだと白浮きして見えやすいのでピンクハイライト**を使います。

プチプラとは思えない優秀なフェイスカラー、「セザンヌ　フェイスグロウカラー02」は私のお気に入り。ハイライト〈左〉とチーク〈右〉がセットで、プニプニとした感触から肌にのせるとサラリとします。

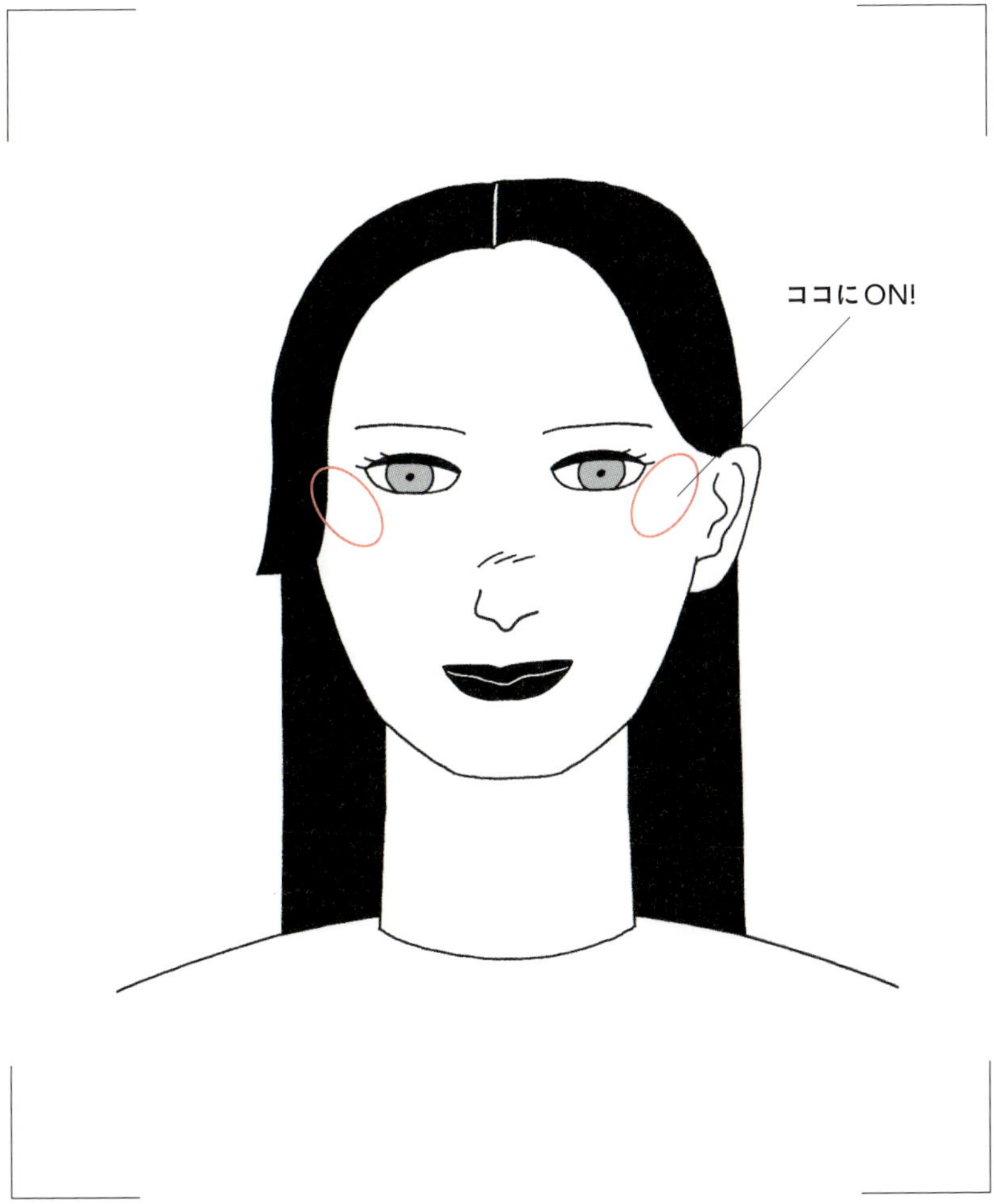

ハイライトなので
大事なのはパッと見て
ピンクに見えないこと

HOW TO

パレット左のピンクベージュハイライトを指の腹にとり、こめかみ部分にポンポンとのせてなじませる。粉感のあるパウダータイプを使う場合は、ブラシでのせて。

今どきの、頑張っても色が濃くつかない
チークで素肌感！

大人のメイクは、〝頑張ってる感〟が出てしまうと老け見えの要因になります。そのひとつが、〝いかにも入れましたチーク〟。色や輪郭がくっきりと前に出てくるパターンです。チークをポイントメイクと考えていると濃くなりがちですが、**ベースメイクの延長としてとらえると血色のいい素肌のような仕上がり**になります。

　そのためにはアイテムの見直しをしてみましょう。少し前のチークは発色がいいものも多く、ひとのせしただけで「色っ！」という感じになりやすいです。２０２３年あたりからたくさん塗っても、安心な薄づきのものがたくさん出てきました。**頬全体に広くのせて、うっすら血色が感じられる程度にするのがオススメ**です。イメージとしてはフェイスパウダーに近いですかね。実際、毛穴をぼかして、肌をキレイに見せるチークも増えています。

　チークを失敗しないためのコツは、ベースメイクの後に一旦チークを薄くのせて血色を灯すこと。その後、眉や目もとのメイクをし、リップを塗ります。血色が足りないなと感じたら、**〝追いチーク〟でバランスを**とります。

(Cheek)

“頑張っても濃くつかないチーク”3選です！　より薄めの発色にするため、これらはブラシでつけるのがオススメです。〈上から時計回りに〉「セザンヌ フェイスグロウカラー 02」は右が“血色カラー”になっていて、まさに血色レベルの発色で、肌になじみます。練りチークのようなプニプニ感もユニーク。「リリミュウ ヴェールグロウチーク 03」は、重ねるほど色がつくパウダータイプ。微細なパール配合でつややかさもあります。「NARS アフターグロー リキッドブラッシュ 02799」はリキッドタイプ。ベースメイクのパウダー前に使うので血色感を演出しやすいです。

アイメイクは「下まぶた」が真の見せ場

アイメイクはチークやリップに比べて、格段に色で遊べるパーツです。上まぶたが主役になりやすいですが、目を開けると色はほとんど見えないし、意外と存在感が出しにくいなと感じているので、私は下まぶたにこそ気合いを入れてメイクするようにしています。

下まぶたは上まぶたと違い、どんな目もとの表情でも隠れることがないため常に見えているのが利点なので、やりがいがあると思います。今まで下まぶたにメイクをしたことがない方なら淡い色やちょっとしたキラキラをのせるだけでも変化を感じやすいはず。それに、**下まぶたや下まつ毛はちょっとしかのせる範囲がないので奇抜な色をのせたりと冒険しやすい**んです。〝カラーマスカラが流行っているけど上まつ毛はちょっと…〟というときも下まつ毛ならマイルド。**この色は捨て色だなと思って使えなかった色も、下まぶたなら挑戦しやすい**かもしれません。

そして**下まぶたメイク、実は「小顔効果」も狙えます**。今は「中顔面短縮メイク」というのが注目を集めていて、頬の余白を埋めるメイクです。下まぶたシャドウや、長さやボリュームのある下まつ毛でウエイトを下げれば自然と頬の余白を埋められます。

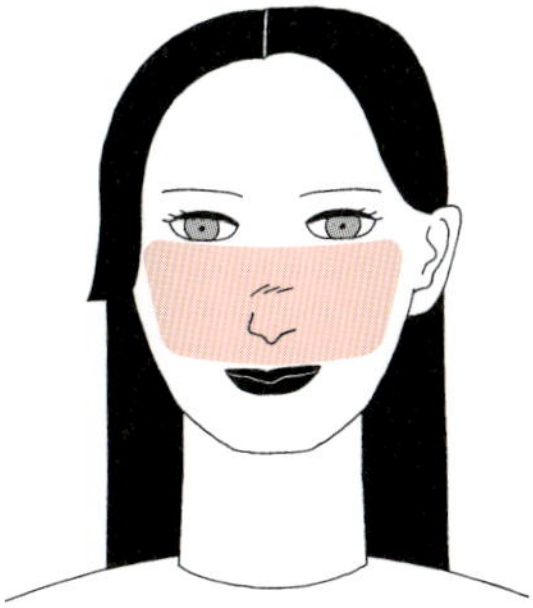

中顔面とは？

下まぶたから上唇までの範囲のこと。この部分が広いと間延びしたような印象の顔に見えやすい。

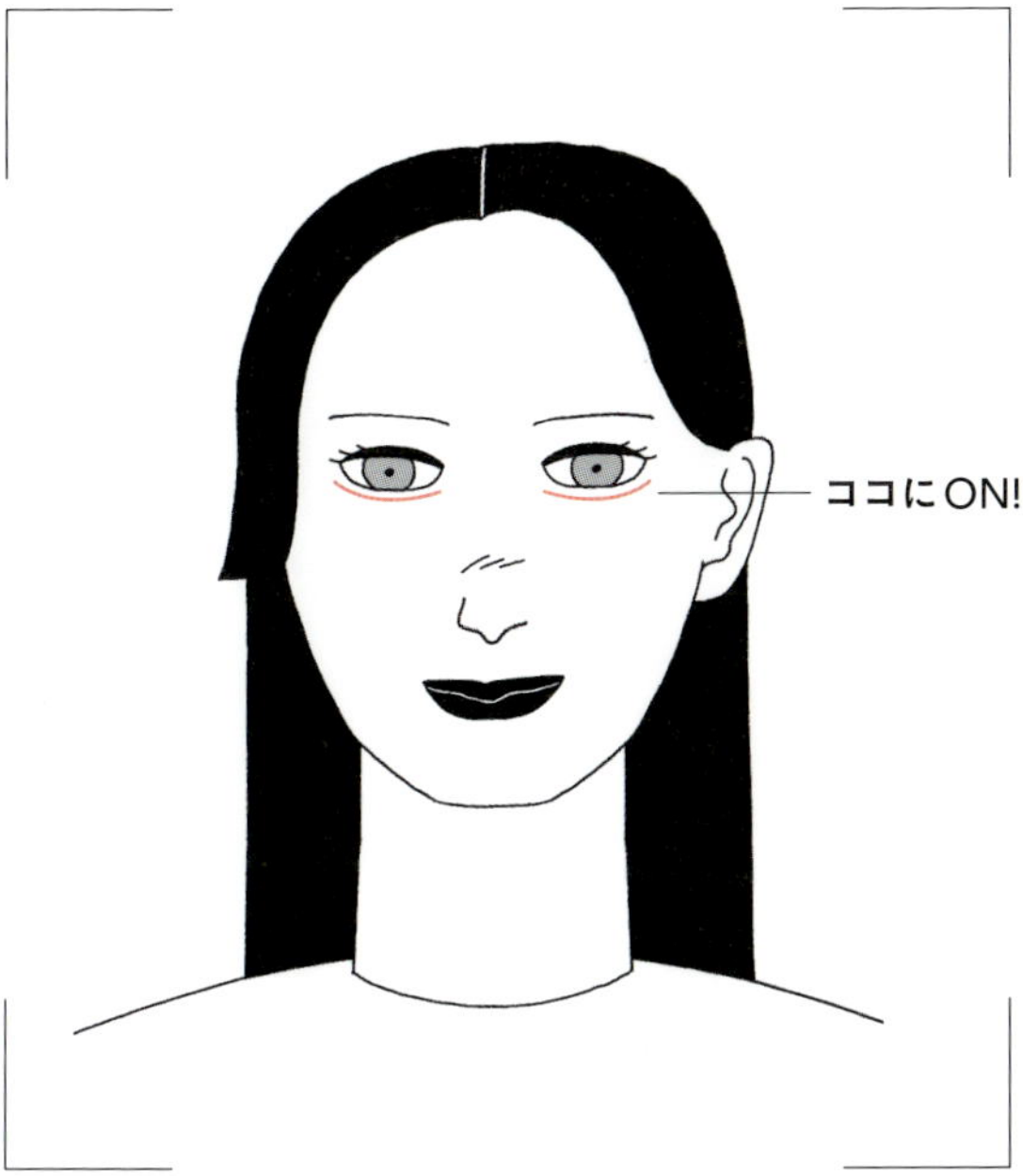

How to

アイシャドウは、ピンク、オレンジ、イエローなど暖色系のカラーは下まぶた全体にのせても目立ち過ぎない。ブルーやグリーンのような寒色系は目尻だけなど部分使いから始めるのが○。カラーマスカラは下まつ毛で遊んで。明度の高いカラーマスカラはオシャレな雰囲気は出せるが目ヂカラは出しづらい。目ヂカラUPも狙うなら、上まつ毛には黒か濃茶など低明度のマスカラを合わせて。

ナチュラルメイクでは目の形によってアイラインの目尻を上げるか、下げるか、フレームに沿ってそのまま描くのか、考える必要があります。エイジングによりまぶたが下がってきやすいので、まずは鏡を見ながら目のフレームに合わせてアイラインを引きます。**エイジングにより目尻が極端にタレて見える、目頭よりも目尻が下がって見えるようなら、目尻側の途中からラインの角度を下げず、ハネ上げライン**にします。このとき、過度に上げると〝頑張ってる感〟が出てしまうので1～2度で調整をするイメージで。

目尻が目頭よりも下がらない、可愛い雰囲気を取り入れたいというなら角度を少し下げても〇K！　逆にキリッとさせてキレイめにしたいなら少し上げます。**ほんの少しの角度の差ですがイメージに沿う変化は出せる**と思います。

アイラインは “キレイ”なら1度上げ、“可愛い”なら1度下げ（2度でもいい）

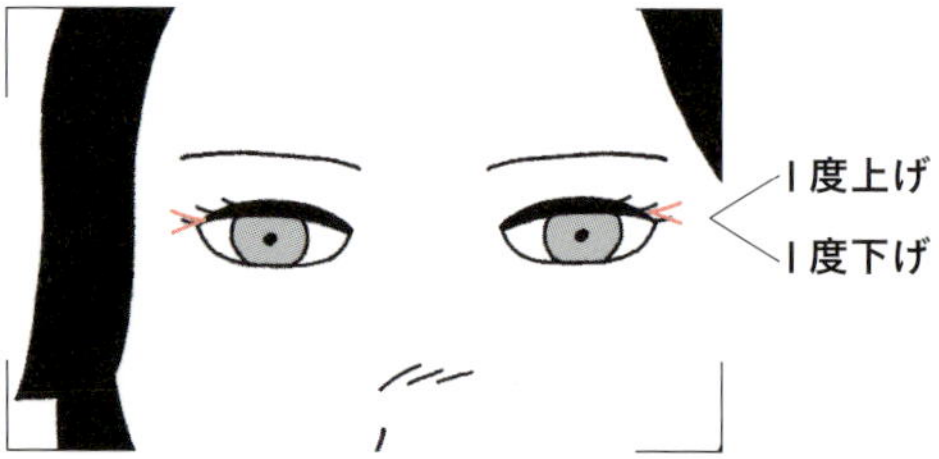

「ラブ・ライナー リキッドアイライナー R3 ダークブラウン（廃番・後継品あり）」は、ほどよい引き締め力と柔らかな雰囲気が作りやすいです。筆もコシがあり、まぶたがたるんでラインが引きにくくなったと感じる方にも◎。

How to

まず、もともとの目の形がたれ目かつり目かを確認。なりたいイメージによってアイラインの目尻の角度は1～2度の上げ・下げで調整を。フィニッシュは太さにもよりますが目尻から1～3mm出るか出ないかくらいの長さがナチュラル。

リップは色つきリップクリームがいい

「ケイト パーソナルリップクリーム 06」は、透け感もありますがしっかりとした色づき。くすんでいるオシャレな色みで大人にこそ使って欲しい1本です。肌から浮かず、顔色が明るく見える色を探してみて。

リップで若々しさをコントロールする際にメイクに不慣れな方が避けたいのは、マット過ぎる質感、極端にくすんだ色、そして濃色です。ただし、今挙げたのはオシャレなリップなので、日常的にメイクをされている方であれば積極的に使っていただきたいです。

リップは本当に塗ってみないとわかりません！ いろいろ塗ってみて一番自分にハマった色や質感を選ぶというトライ＆エラー方式がいいと思っています。デパートで美容部員さんにタッチアップをしてもらうのもいいと思いますし、ドラッグストアなどで５００円くらいで手に入る、色つきのリップクリームを色違いで数本試してみるのもいいですね。

唇がカサカサしているとそれだけで老けた印象に見えやすいので、色つきリップクリームはあると便利です。

Summary

狙うのは「年齢×0.8倍」の私

若見えのコツとして「×××し過ぎない」に加え、

「迷ったらどちらのほうが若く見えるか」、
「どちらが自然か」を優先するといいと、

ハヤカワさんはモデルさんにアドバイスしています。

自然の延長で完結したほうが若々しく見えて、
そこからはみ出すと無理した状態＝老け見えにつながります。

「年齢×0.8倍」をキーワードにしてイメチェン

無理をしない自分らしい「若さ」はこのあたりではないかなと思っています。

例えば40歳なら32歳、
50歳なら40歳に見えるヘアメイクと服装は自然に見えます。

例えば40歳が29歳、50歳が37歳を目指すと
少し不自然さを感じてしまうことがあります。

「あんな年齢の重ね方をしたいな」
そう思える「若見え」をご自身の年齢と照らし合わせて
より素敵にヘアやメイクをアップデートできれば
若々しく見えると思います。

髪や肌に「ツヤ」を与えること、
手軽なことから始めていきたいですね。

by マツカワリュウドウ

もう少し顔が小さく見えたら…
もう少し鼻がシュッとしたら…
ついつい顔写真を加工したくなる部分も、
リアルでいじれちゃいます！

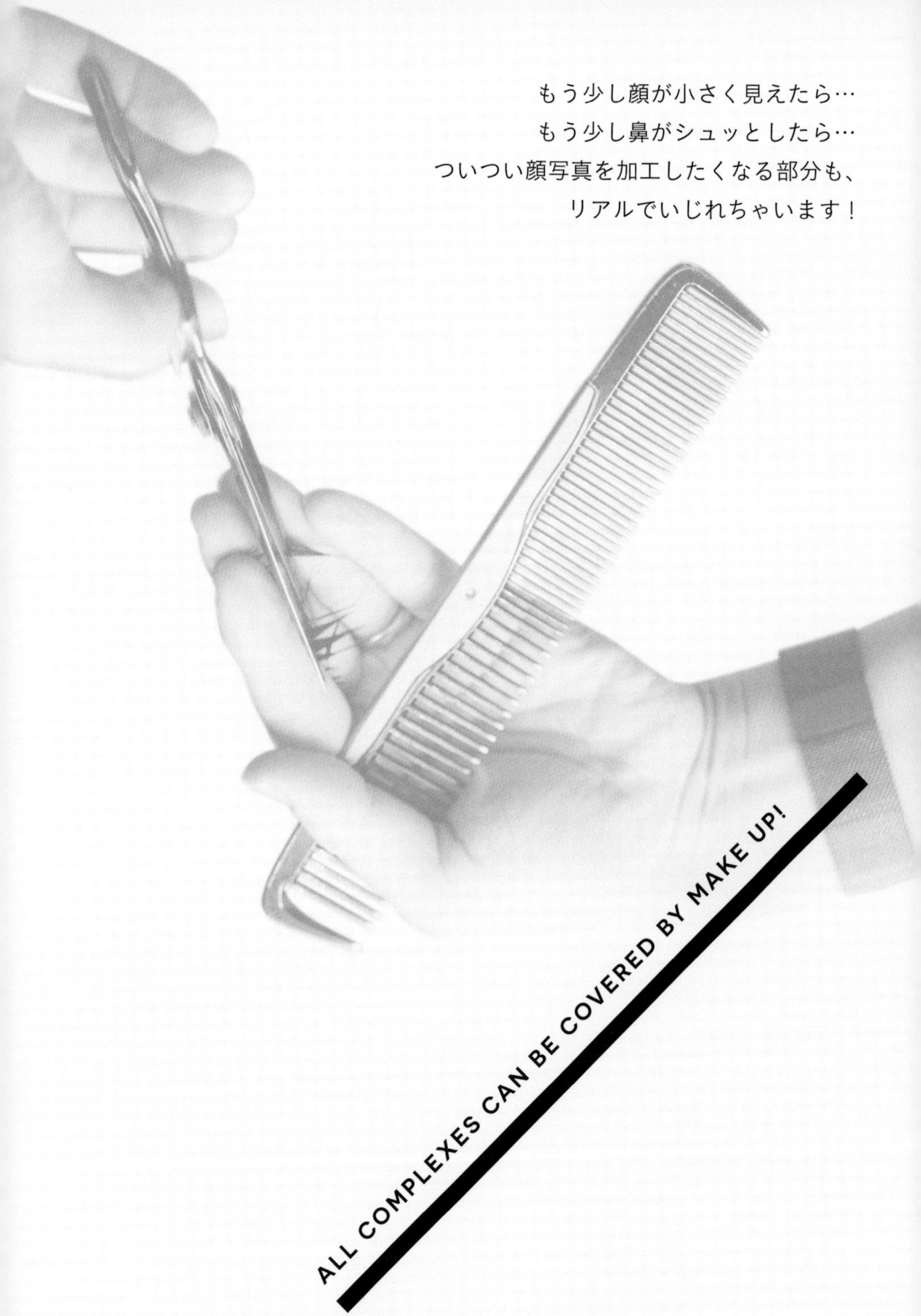

ALL COMPLEXES CAN BE COVERED BY MAKE UP!

CHAPTER 5

コンプレックスは
メイクで全部目くらまし!

お悩み 01

エラが張っていて、顔が大きく見えます

解消テク

濃いめのファンデーションを輪郭に塗りましょう

エラの張りを目立たなくする方法として2通りのやり方があります。ひとつめは、**ファンデーションを輪郭まで塗らない**。顔の中心は厚めに、輪郭は薄くすることで立体感がつき、小顔印象になります。ただ、顔まわりはニキビ跡などのトラブルを抱えている方も多いので、誰でも使えるとはいかないですね。

なのでもうひとつの方法として**エラの張っている部分にふだん使っているファンデーションよりも1〜2トーンほど暗い色のファンデーションを塗る**。この方法だと肌トラブルもカバーでき、シェーディングパウダーよりも自然な仕上がりになります。私はよくこの方法を使っていますし、お客様にもオススメしています。

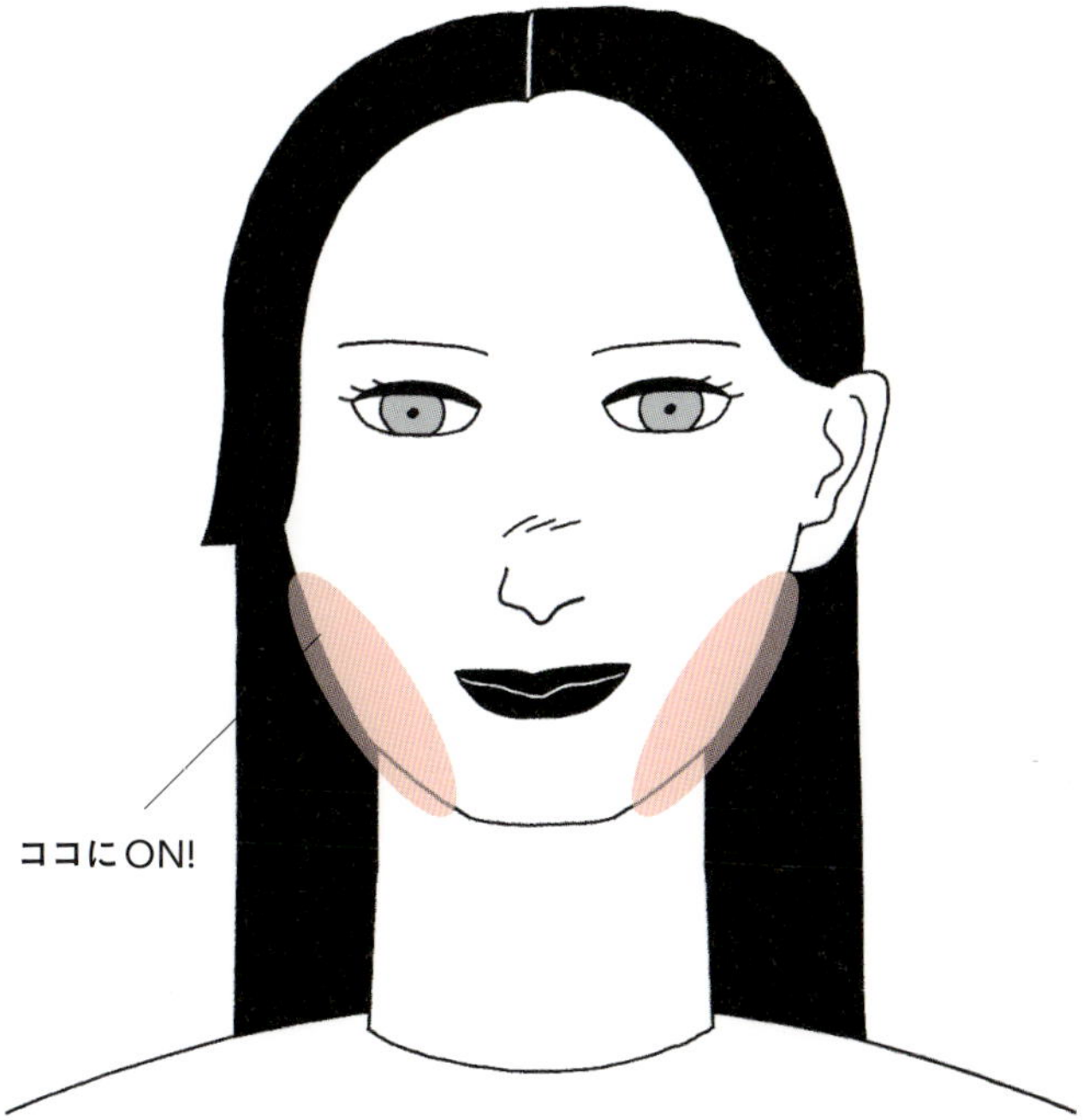

How to

顔の中心は肌のトーンに合った色のファンデーションを塗り、エラの張っている部分に濃い色のファンデーションを塗る。リキッドタイプが使いやすい。部分使いなので、プチプラでOK。

お悩み 02

遠心顔なので子供っぽく見えがちで、好きな服が似合わない！

解消テク

目頭側に**影色シャドウ**を塗ると求心顔の印象に！

遠心顔は、目と目の間の幅が広いタイプ、求心顔は、目と目の間の幅が狭く、顔の中心にパーツが寄っているタイプです。目もとの印象が遠心顔か求心顔かを左右するので、アイシャドウやアイラインで目もとのバランスを調整します。

ナチュラルに見えることが大事なので、わざとらしさのある入れ方はしません。**遠心顔は重心が中央に寄って見えるようにアイシャドウを目頭側に、求心顔は重心が外にいくように目尻のラインを長く**します。

CHECK!

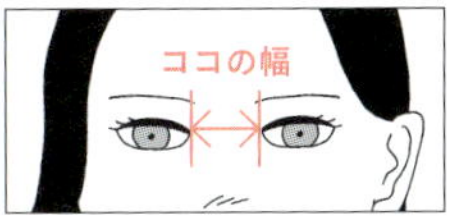

目と目の間の幅が"目1個分"よりも広いと遠心顔、狭いと求心顔。

遠心顔は目頭シャドウで求心感を

コゲ茶のリキッドアイライナーで目頭〜黒目外あたりまでインサイドラインを引く。目頭上のアイホールにベージュやブラウン系のシャドウをのせる。

求心顔は目尻長めラインでバランスを

黒目の内側から目尻長めに、茶系のペンシルアイライナーかシャドウでラインを引いて。影のように見えるようにすることで、わざとらしさを感じさせない。

お悩み 03

だんご鼻がコンプレックス。シュッとした鼻に憧れます

解消テク

鼻頭に「V字シェーディング」を入れるのがオススメです

だんご鼻の方はもちろん、**どんな鼻の大きさでも鼻頭の「V字シェーディング」は似合います。さらに鼻頭にハイライトをチョンとのせて、ツンと尖ったような鼻の印象を作る**こともできます。パール感が強いものでやると毛穴が目立ってしまうことがあるので気をつけましょう。

V字シェーディングは、マットなブラウンのアイブロウパウダーで代用できるのでトライしやすいと思います。

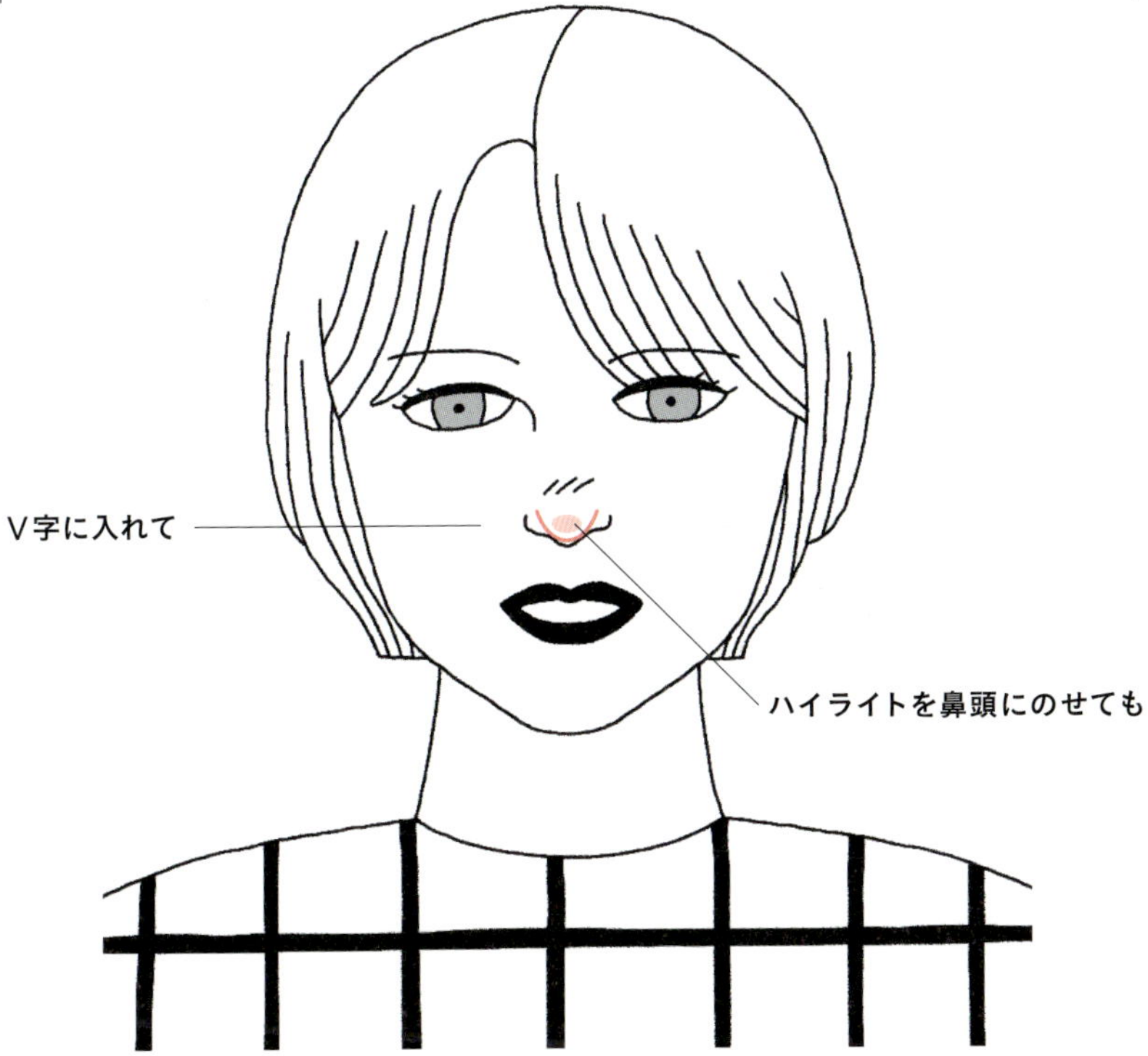
V字に入れて
ハイライトを鼻頭にのせても

How to

マットなグレイッシュカラーやブラウンカラーをアイブロウブラシのような細いブラシにとり、正面から見て、鼻の穴の延長に影を足すイメージでのせる。その後指で鼻をつまむように軽くぼかすと自然。

ノーズシャドウ入りが便利

CEZANNE

「セザンヌ ノーズ&アイブロウパウダー 04」なら左端のグレイッシュカラーがシェーディングに使えます。

お悩み 04

口角が下がっていて、年齢よりも老け見えしています

解消テク

ファンデーションで口角の影を「削り塗り」

口角の影っぽい部分をファンデーションで削るように塗ると口角が上がって見えます。コンシーラーを使いこなしている方はそれでももちろんOKですが、慣れていない方は安易に取り入れないほうが無難。アイテムによりますが、硬かったり、重かったりするようなものだと、口もとはよく動かす場所なのでシワになったり、ヨレたりしやすいんです。**薄づきでカバー力のあるファンデーションなら1度塗りでも十分にカバーできる**と思います。ここも自然に見えているかチェックしましょう。

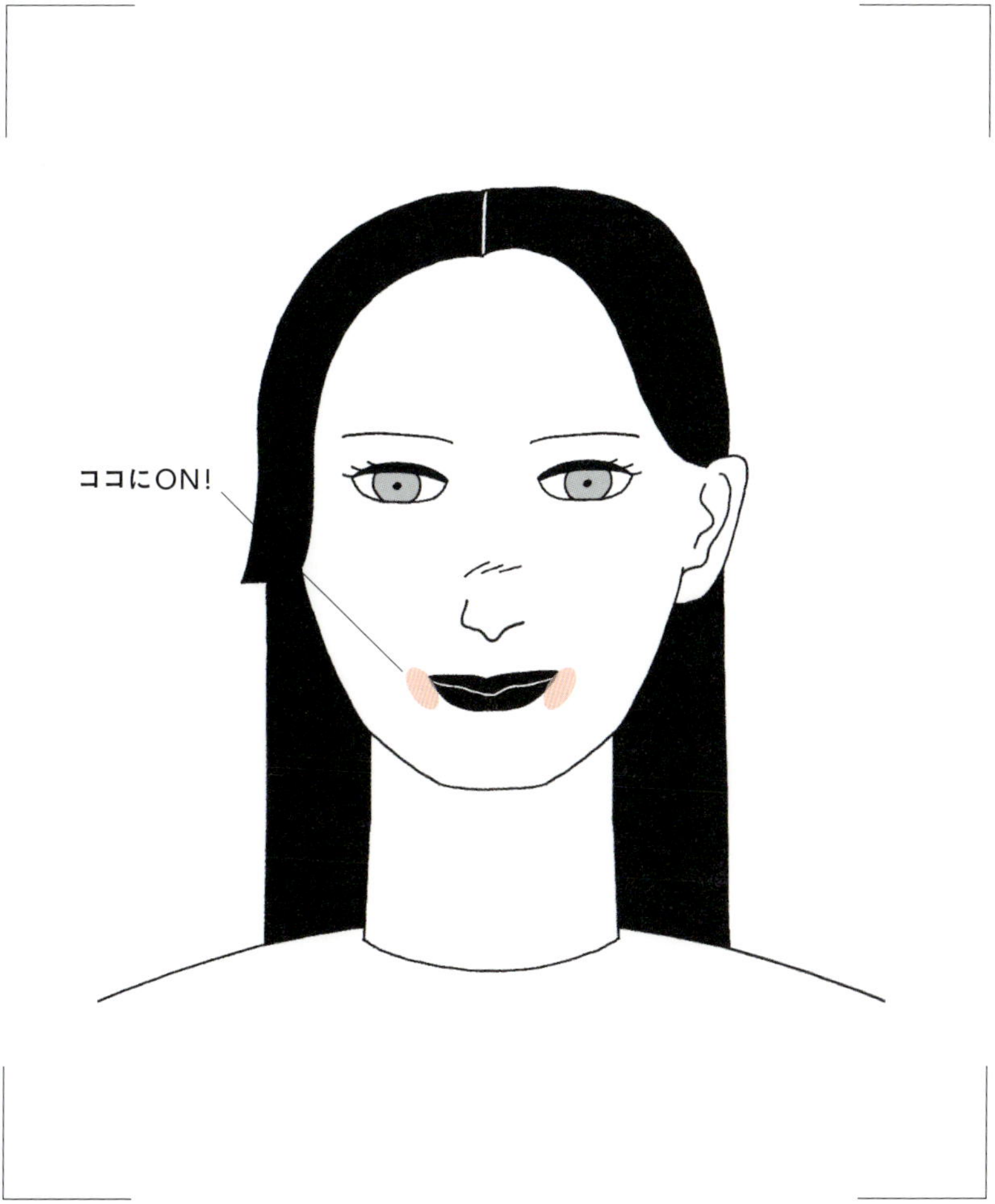

How to

薄づきでカバー力のあるリキッドファンデーションを下唇の口角から斜め上に向かって塗りのばす。色づきのいいリップで口角を引き上げるように輪郭をとればグッと上がった口もとに見える。

お悩み 05

眉毛の正解がわからず、ボサボサです

解消テク

毛流れを整えてライン感を出せば端正な顔立ちになります

〝眉は顔の額縁〟とはよく言ったもので、顔の印象を決める大事なパーツです。**眉を整えたことがない方が手を加えると一気に洗練された顔立ち**になります。イメチェンメイクのモデル、タッチャンさん（p058）も、眉のうぶ毛を処理したら、それだけでほぼ別人になりました。

まずは、全体的な眉の形からはみ出す毛や垂れて生えているような毛はシェービングします。**眉を描くときは眉の形に自然なライン感を出すと清潔感と品のよさ**が出てきます。

眉頭より眉尻を下げない

眉頭よりも眉尻が下がるとやぼったい雰囲気になりやすいので、眉頭と眉尻の高さは平行になるのが理想的。毛の生えていない部分は眉ペンシルで補い、全体の形は眉パウダーで整えると端正な顔立ちになる。

別人級のイメチェンは、
ヘア×メイク×ファッションの
トライアングルで完成します。
何より、“なりたい私”のイメージを
決定づけるのがファッションです。

THE RULES FOR A STYLISH FASHION

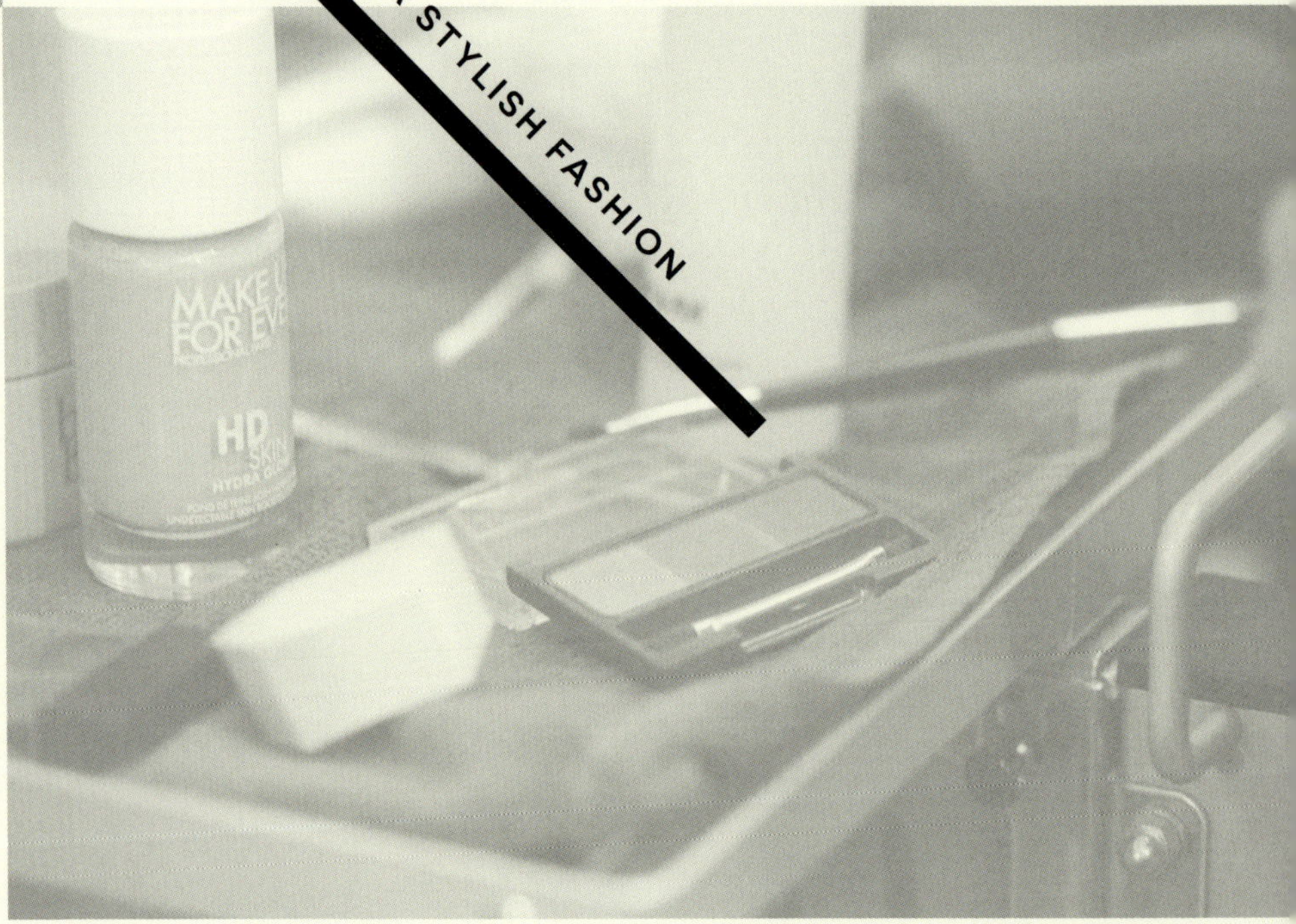

CHAPTER 6

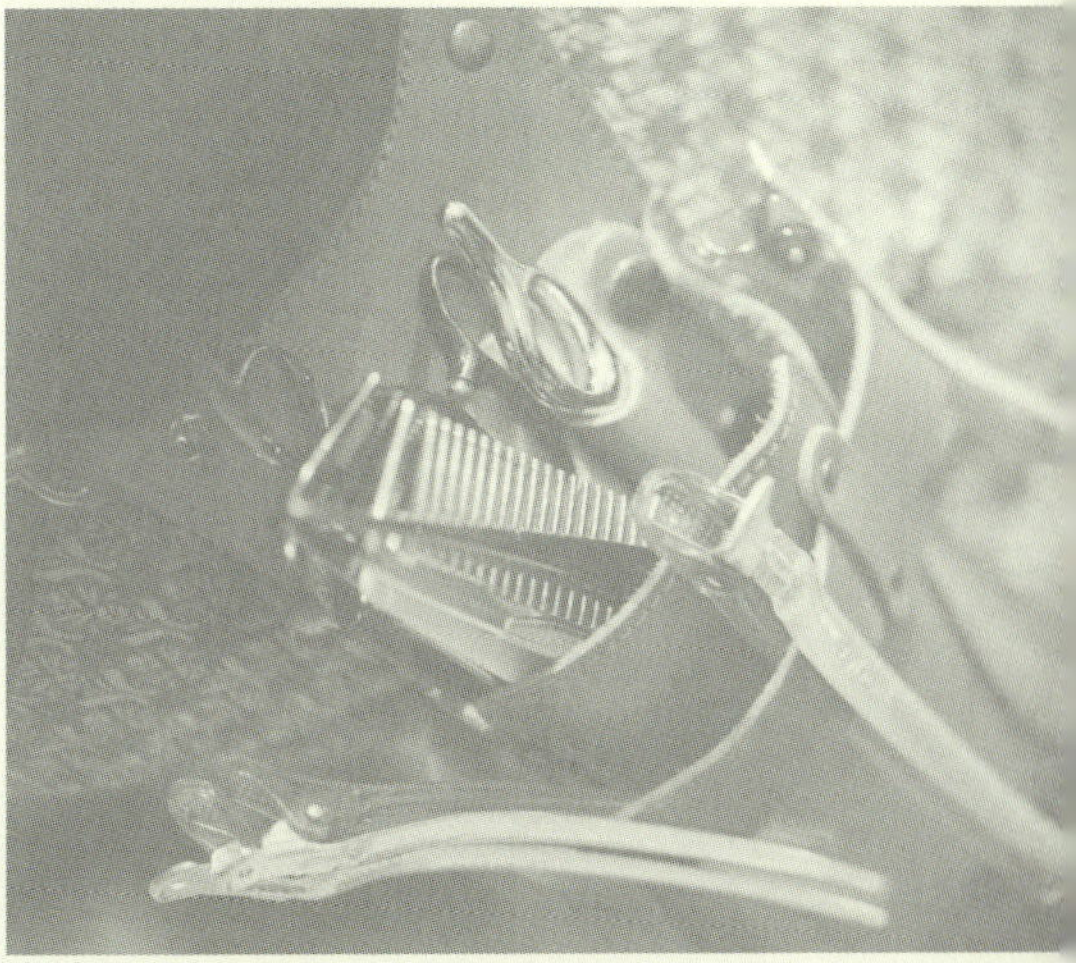

あか抜け
ファッションの掟

それとなく肌見せ＆MIXスタイルであか抜ける！

まず、**あか抜けファッションとは、洗練された着こなしで、トレンド感や都会的なムードが漂うスタイル**です。そこで効果的なのが、さりげなく肌を見せること。過度な露出は品がないので、ノースリーブが適当です。また、体のラインを拾わないロング丈のスカートや丈が長めのジャケットがエレガントな印象を与えてくれます。

高見えするというのもあか抜けのポイントで、落ち感のキレイな素材やデザイン、ストレートプレスのパンツなどがいいですね。**アクセサリーにバングルやブレスレットを取り入れる**と都会的な雰囲気が手軽に出せます。

ヘアメイクでは、「可愛い×キレイ」のバランスが大事だとお話ししましたが、ファッションも同じで、「レディ×マニッシュ」「華奢×ごつめ」など、対する要素が入っているとこなれた印象になり、オシャレ上級者に。

対するテイストを
組み合わせると
こなれ感が出せます

(Elegance)

アクセは
「華奢×ごつめ」の
相反バランスに

ノースリーブで
肌見せ!

モノトーンコーデで
キレイめに

ノースリーブは高見えするデザイン。また腕を出すと自信のある女性というイメージ像をもたれやすく、洗練されて見えます。また、スカートは落ち感のキレイなロング丈を合わせて。ゴールドのバングルで華やかさをプラスしています。

ノースリーブ、スカート、ブーツ、ネックレス、バングル／すべてGU

(Casual)

ダブルジップで着崩す

カーキのロングスカート
＆ブレスレットで
カジュアル×レディモードに

ごつめのブーツで
マニッシュに

ダブルジップのノースリーブ、カーキのロングスカートでカジュアルさのなかに女性らしさを感じさせるコーデ。シックなカラーで統一し、落ち着いた印象にも。マニッシュなブーツとブレスレットではずして。

ノースリーブ、スカート、ブーツ、ブレスレット／すべてGU

(Classy)

体のラインを拾わない
丈が長めのジャケット

ワントーンコーデ
&ブレスレットで
大人っぽく

スーツ風×スニーカーで
大人のリラックス感をMIX

清潔感のあるライトベージュのトップスとボトム、白のスニーカーでカラーを統一させるのもあか抜けの秘訣。足首が見える丈のキレイめなセンタープレスパンツに、カジュアルなスニーカーを合わせるのもポイント。

ノースリーブジャケット、なかに着たトップス、パンツ、スニーカー、ブレスレット／GU

プロの手によって作られ、
もっとも完成された「サロン帰りの髪」。
まださほど日が経ってないのに
もう面影がない…。でも大丈夫！
マツカワさんの技が助けてくれます。

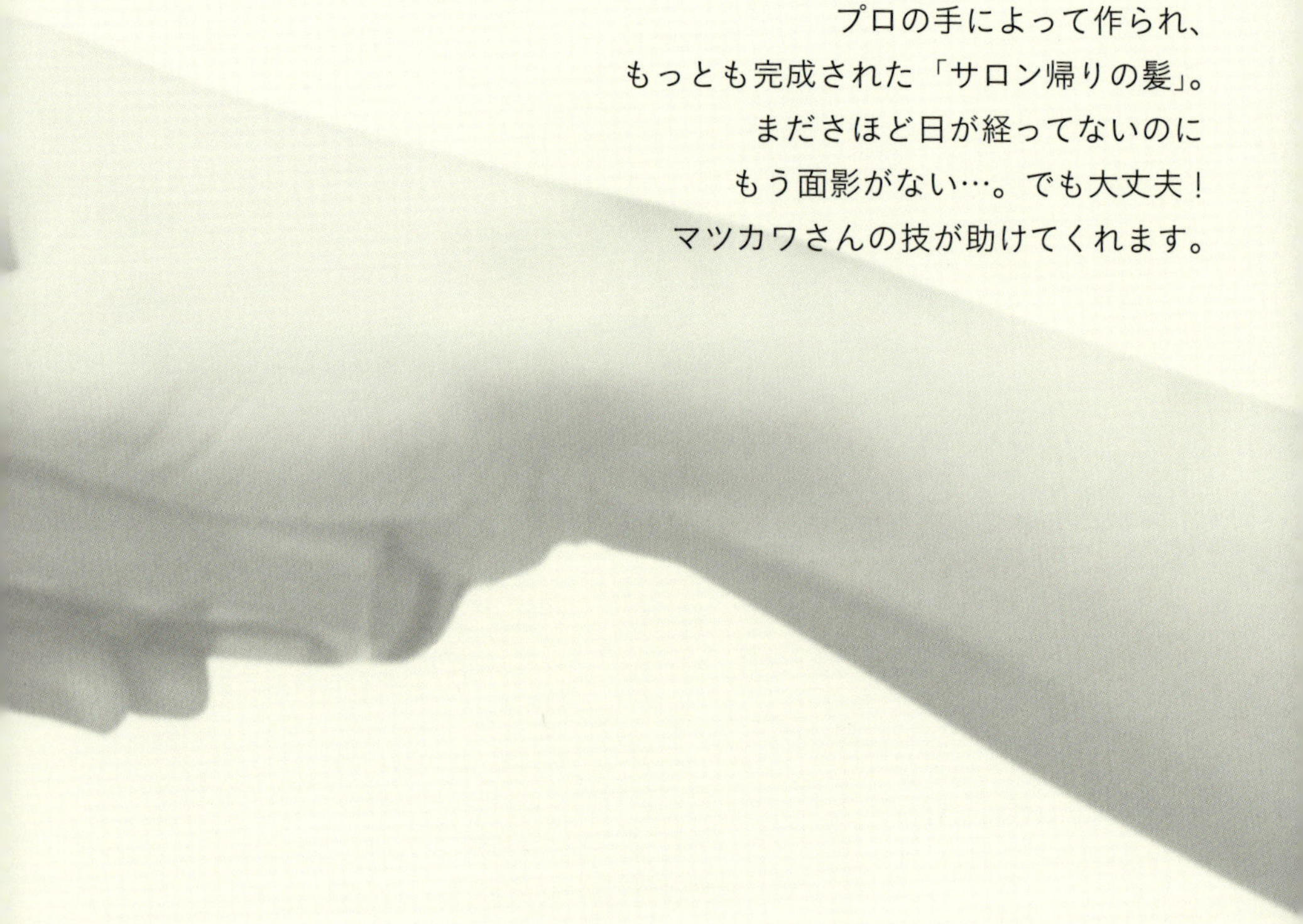

TECHNIQUES TO RECREATE SALON-READY HAIR

CHAPTER 7

そんなことでいいの!?
サロン帰りの髪、
超再現テク

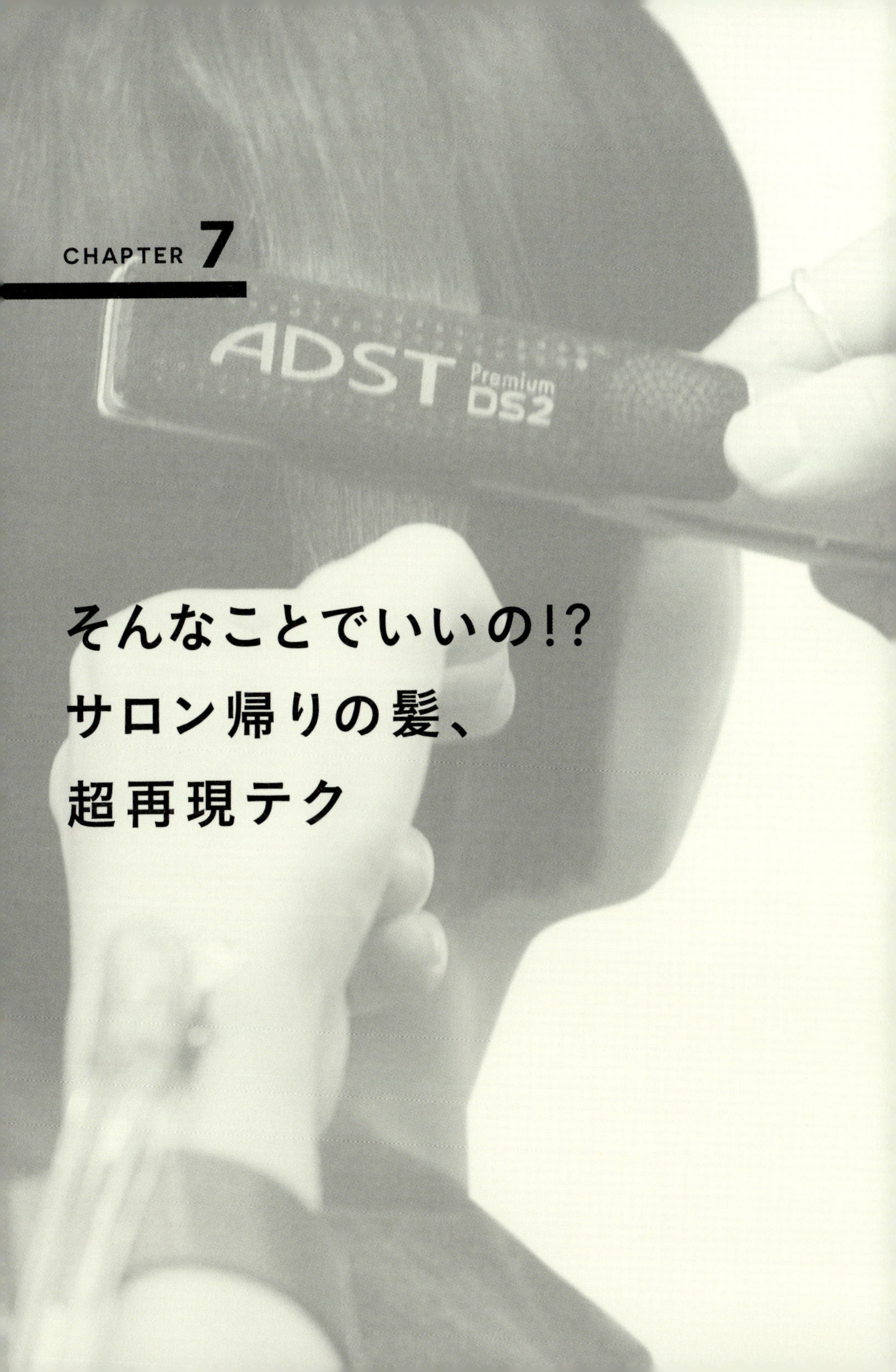

Styling Point 01

寝グセ直しに水スプレーは不要！〝手水でチャチャチャ〟が最高です

私がお客様にお伝えしている寝グセ直しは、**水道水に手を突っ込んで、パパッと水を2回切って、髪をクシャクシャって触るだけ。**これを2回。肩にタオルをかけておけば服が濡れないし、手も拭けます。この方法で確実に髪がボリュームダウンして落ち着きます。

100円均一などのスプレーボトルに水を入れて、**水スプレーで寝グセ直しをされる方、そのボトルはもう不要です。**手に水をつけてチャチャチャと髪を濡らす、このやり方にはかないませんよ。ぜひ、だまされたと思って試してみてください！

How to

水道からジャーッと流れる水のなかに両手を突っ込み、パパッと水を2回切り、最初は髪の中間から毛先に外から、クシャクシャともみ込むようにつける。もう一度、水道水に手を突っ込んで、水を2回切ったら今度は髪の内側からクシャクシャ。これだけでOK!

Styling Point 02

サロンのヘアは
ドライで100%
スタイリングで110%

ヘアアイロンで１２０％の完成度

〝髪型どうしようかな〟と思ったときに、インスタグラムやヘアスタイルが見られるサイトなどをチェックされると思います。ここに上がっているヘアカタログ写真は１２０％の完成度のものです。よりよく見せるために、ヘアアイロンで仕上げています。

　髪をドライして整えたスタイルは１００％の完成度で、スタイリング剤をつけて１１０％の完成度になります。サロンではドライ後に「スタイリング剤つけていかれますか?」と伺い、ＹＥＳの方には１１０％のデザインをお見せしています。ご希望もあるとは思いますが、**スタイリング剤をつけて帰るかどうか聞かれたときは、ぜひＹＥＳ**と。１１０％、１２０％の完成度を知ることができます。

持論ですが、スタイリング剤はジェルタイプの〝アリミノ〟のモダンシマーが最優秀！と思っています。**ジェルは総じて、ウェットでツヤ質感を作るのが上手**なのですが、群を抜いているように思います。
　ジェルタイプは、ストレートヘア、パーマヘアどちらにも使え、乾いた髪、商品によっては濡れた髪にも使えます。クセ毛の方にもオススメです。とくにパーマヘアに使うとウェットの質感や、リッジがより引き立ちます。イメチェン企画のＮａｍｉさんのスタイル（ｐ０５１）がそれです。

Styling Point 03

スタイリング剤は ウェット質感を作る ジェルがあか抜け度最上級

(Gel)

「アリミノ ダンスデザインチューナー モダンシマー」を愛用しています。手にのばすとジェルがオイル状に変化して髪にもなじみやすいです。ウェットな質感を出したいならショートは指の腹の第二関節までの量を、ミディアム〜セミロングはそれを2回分。たっぷりつけるのがコツです。

Styling Point 04

朝起きると髪が大爆発!? 寝るのが早過ぎたかも！

髪をきちんと乾かさないまま寝て、翌朝〝爆発ヘア〟になってしまったという経験がある方も多いと思います。ちゃんと乾かしてから寝ているのにもかかわらず爆発していたら、寝るのが早いかもしれません。

髪は水分を含むとキューティクルという髪の表面を覆うウロコ状のものがめくれた状態になっていて、このまま寝てしまうとクセがついたり、広がったりします。ちゃんと乾かしたと思っても髪は水分を含んでいることがほとんどです。完全に乾燥させるには、**髪を乾かした後は2時間放置すること。1時間だと100%跡がつきます**。ソファに頭をつけて横になってしまうと意味がないので、**髪がつぶれない姿勢で**過ごしてくださいね。

ドライ後は
2時間寝ない！
（できれば）

ショートヘアのスタイルをキメるのはヘアアイロン！

Styling Point 05

ショートヘア、とくに人気のショートボブは、ひし形のシルエット、後頭部に丸みのあるデザインが特徴です。ワタナベさん（p037）やタッチャンさん（p059）のようなスタイルですね。日常的にこのシルエットを再現するには、ヘアアイロンが欠かせません。

ヘアアイロンというと、〝難しそう〟というイメージをもたれる方も多いのですが、全部をもれなくやらないといけないと思われているからかも。**ここさえやっておけばすごくイイ感じに見える！という部分だけをやればいい**んです。それが、前髪とサイド、トップ（後頭部側）の薄く1束分だけ。**ヘアアイロンの温度は160℃、時計の秒針のリズム**で滑らせ、**毛先は軽く手首を内側に返して内巻きに**なるようにします。

前髪、サイド、トップの髪をそれぞれ1束、とかすだけでサロン帰りの仕上がり

HOW TO

1. 前髪

NG

下向きにヘアアイロンをするとペッタリした前髪に

顔に対して垂直にヘアアイロンを滑らせて。根元が自然に浮いた丸みのある前髪に。

2. サイドの表面

サイドの表面の髪を薄くとり、ヘアアイロンを。サイドは毛流れに沿うのでやや下向きに滑らせる。

3. トップの表面

トップ（後頭部側）の髪も薄くとり、やや下向きにヘアアイロンを滑らせる。

朝スタイリングしても昼にはぺちゃんこ

←

髪質・毛量・レングスによって対処法あります

Styling Point 06

髪質、毛量、レングス（髪の長さ）によって、髪の立ち上がり方に差があります。ショートになればなるほど髪はふっくらしやすいので、髪にボリュームが欲しいという方は、ショートヘアにされるのがオススメです。

ぺちゃんこになってしまう髪は、髪質が細い、毛量が少ない、ロングヘアで根元がつぶれている、の3パターンがあります。どのパターンでも、スタイリング時にドライヤーで根元を立ち上げておくことが大事です。根元をつかんで引っ張りながらそこにドライヤーをあてます。

CASE 1.　毛が細くてぺちゃんこ

髪質の問題なのでスタイリングだけでの改善は困難。ショートボブくらいのやや短めのレングスにすると根元が立ち上がりやすくなる。ショートにしたくない場合は、レイヤーカットを施して、根元ではなく、毛先にパーマをかけると自然と根元が立ち上がる。

CASE 2.　毛量が少なくてぺちゃんこ

ドライヤーを根元にあてて、1.5倍くらいボリュームを出してから、ワックスなどお好みのスタイリング剤をつけて、軽くボリュームをおさえるくらいにするといい。

CASE 3.　ロングヘアで根元がぺちゃんこ

マジックアップカーラーを根元から巻きつけて、ドライヤーの温風を3〜5秒程度あててから冷風をあてて固める。ドライヤーをあてるとき髪から15cm程度離して。

ヘアカットでトップに
レイヤー（段）を入れると
少し改善されます！

Styling Point 07

ドライヤーで髪を乾かすと髪がまとまるどころか広がるという怪。

←

首、傾けていませんか？

髪が膨らむのは髪質もありますが、**やりがちなのは、首を傾けて髪を乾かすこと**。そのまま首をまっすぐに戻して見ると、角度がついているので、外に向かって髪を乾かしているのと同じことになります。首を傾けてしまうのは、ドライヤーが近過ぎて、熱さを避けるために無意識にやっていることも多いです。**髪の膨らみをおさえたいなら、首はまっすぐ**。これだけで髪のまとまり方が断然変わります。

ドライヤー時、
首を傾ける×
首をまっすぐ◎

それでも膨らむなら「指アイロン」

首をまっすぐにしても、まだまだ髪が広がってしまう方は髪質が影響。指をチョキにして、毛束をチョキに挟めるくらいの量をとったら、下方に引っ張りながらブローを。「指アイロン」で伸ばします。

Styling Point 08

サロン帰りの仕上がりをキープできるのは
ショート1か月半
ボブ2か月
ロング3か月
が限界です！

髪が伸びてきて気になるというときは、前回のスタイルが崩れてきているサインです。個人差はありますが**髪は1か月で約1cm程度伸びます。ショートのスタイルは1か月半以上経つとシルエットがだいぶ違ってきます**し、ボブも肩につくような長さになってハネやすくなります。セミロング〜ロングは根元がつぶれやすく、重たい印象になりやすい。

スタイリングもしにくくなり、髪の悩みも出やすくなります。カラーリングや白髪染めをされていると伸びた分だけ根元が目立ってきます。**「いつだってサロン帰り」をキープするなら、ショートは1か月前後に1回、ボブは2か月に1回、ロングは2〜3か月に1回、カットするのが理想**です。

3か月が限界!

1か月半が限界!

つむじが割れてしまうときは、ヘアアイロンが強い味方！

Styling Point 09

つむじは頭部にある渦巻き状の部分です。つむじにも個性がありますが、**王道のつむじはゴールデンポイント（後頭部寄りの頭の一番高いところ）に1つあり、時計回りに渦を巻いているものです**。つむじにはいくつかパターンがあるのですが、**割れやすいつむじの特徴は3パターン**。ひとつめは、トップよりも後方の位置にあるつむじ。ふたつめは、つむじが2つ以上あるパターン。みっつめは、髪の分け目の延長線上にある、ど真ん中パターンです。

　基本はカットやパーマでつむじが割れないスタイルを施すことになります。

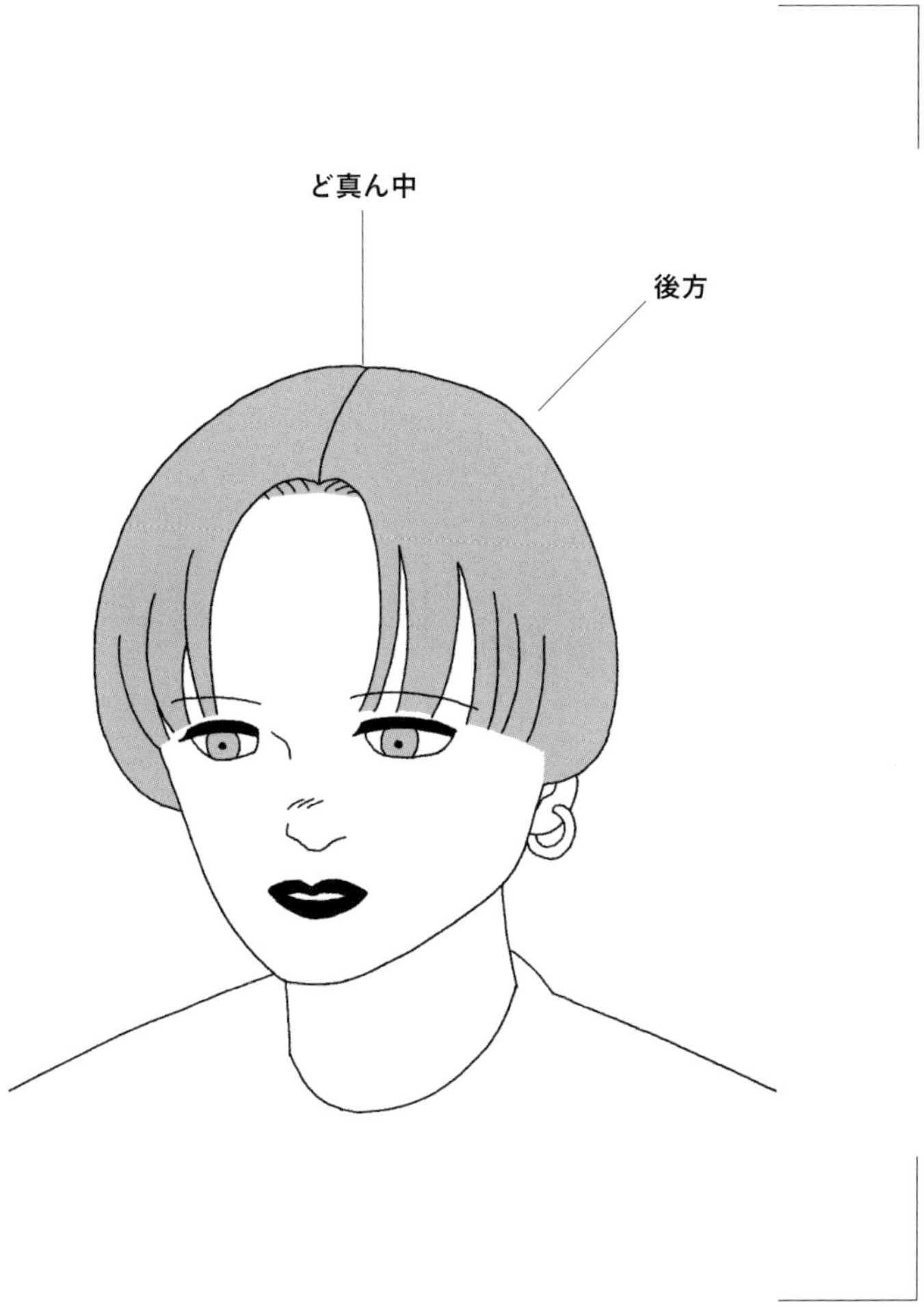

CASE 1.

つむじが後方にある

つむじが頭のトップでなくやや後ろにあるタイプ。トップの毛を後ろに流して隠すパーマを施す。ヘアアイロンがあれば、トップの髪でつむじを隠すようにスタイリング。レイヤーカットを入れる場合は15cm以上の髪の長さがベター。

CASE 2.

つむじが2つ以上ある

つむじが2つ以上あるタイプは渦同士がぶつかっている場合が多い。パーマでトップの毛を後ろに流して隠すか、ヘアアイロンがあれば、同様にスタイリングする。レイヤーカットを入れる場合は15cm以上の髪の長さがベター。

CASE 3.

つむじがど真ん中にある

センター分けなど髪を分けた延長線上につむじがあるタイプ。「CASE 1」と同じ処理をしつつ、ドライヤーが大切。始めに、つむじの渦に逆らって2割ほど根元を乾かす。その後、つむじ通りに乾かして、全体をふっくらさせてつむじ割れをぼかす。

Styling Point 10

カラーリング後 48時間はシャンプーしない!（できれば）

私は美容師、理容師が取得できるヘアケアマイスターという資格をもっています。的確なアドバイスをお客様にできる人だと思っていただければ。カラーが褪色しやすい状態とは、化学的に見ると、髪のpH値が不安定になっている状態です。髪は弱酸性でpH値は4.5〜5.5、東京の水道水は約pH7.5（中性）、海水は約pH8です。ということは、水道水に触れるだけでも髪のpH値は不安定になります。

カラーリングした髪の褪色を防ぐには、pHを安定させる弱酸性のシャンプーを使用します。「カラーした髪用」と書かれているものがわかりやすいですね。また、**カラーリング後48時間でpHが安定する**のでそれまではシャンプーしないのがベターです。

スタイリングでの注意点は、**170℃以上の高温でヘアアイロンを使うと髪内部の色素が変色するので、適度な高温とアイロンお休み日を設けましょう。**

カラーの色、もちをよくする
アウトバストリートメントも採用！

〈右から〉ヘアアイロンを使う方には、オイルタイプのアウトバストリートメント、「ロレアル プロフェッショナル セリエ エクスパート メタルDX プロフェッショナル コンセントレイティッド オイル」がオススメです。うねりやクセの出やすい方には、「トリキュア リペアエマルジョン」を。ミルク状で、髪のコンディションを保ってくれるのでカラーもちもよくなります。

(Out Bath Treatment)

Episode_ 02

YouTuber Ryudo Matsukawa

撮影ではモデルさんの自然体な姿を引き出す

初対面であるうえに、撮影というと張り詰めた空気になりやすいので、できるだけモデルさんには自然体で過ごしていただけるように、カメラを意識しなくなるくらい雑談します。そのため、完成した動画では私もハヤカワさんもものすごくしゃべってる（笑）。また、モデルさんが一番輝いて見えるように撮影したいので、顔映りの角度はもちろん、モデルさんの魅力を引き出せる会話を心がけています。撮影機材は、手元がブレないようにジンバルカメラを使用していて、よりリアル感を出したいときは、横型動画でもあえて縦型で撮影することもありますね。

モデルさんを雑談で
リラックスさせながら
ジンバルカメラで撮影中！

映像がブレて見えないようにジンバルカメラを採用。ヘアやメイクの一連の流れを長回しで撮影し、バランスを見ながら編集。出来上がりの動画イメージを想像しながら、撮影しています。

メイクで使用した
アイテムは
商品概要をできるだけ
詳しく紹介

映像だけでは紹介できない情報は文字で補足します。とくにメイクで使用したアイテムは商品名や価格、どのような効果があるかなどできるだけ詳しく紹介しています。

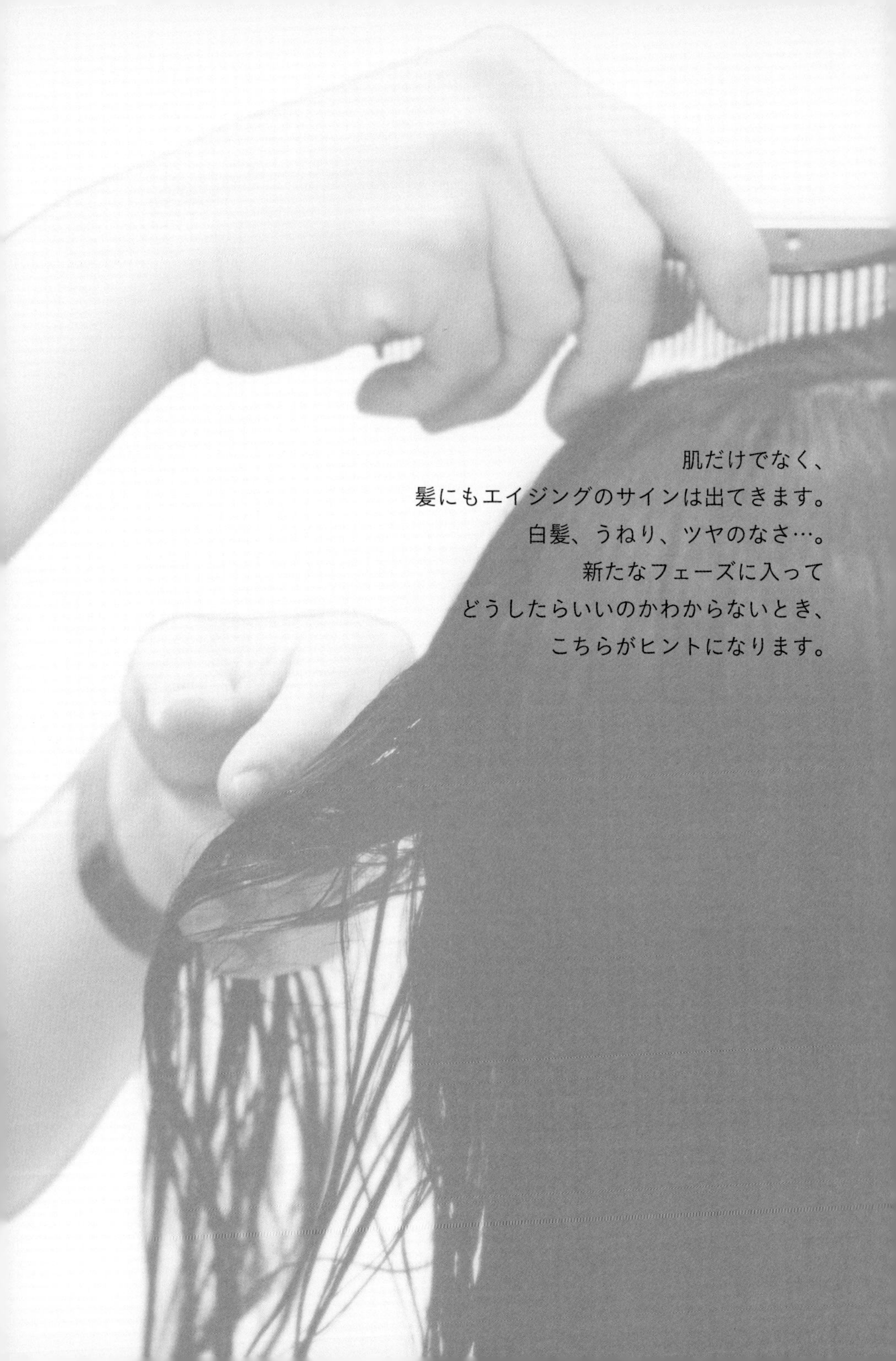

肌だけでなく、
髪にもエイジングのサインは出てきます。
白髪、うねり、ツヤのなさ…。
新たなフェーズに入って
どうしたらいいのかわからないとき、
こちらがヒントになります。

CHAPTER 8

若見えヘアのルール

THE RULES FOR YOUNGER LOOKING HAIRSTYLES

とかすだけで、まとまりとサラリとしたツヤを引き出すコームもあります。〈右から〉「ラブクロム F カットコーム シルバー」と「ラブクロム B3 カットコーム ディープブラック」。どちらもプロ向け用ですが、一般用もあります。通常のコームよりも髪をとかすときに生じる静電気をおさえて、ツヤやハリを保つ加工がされています。

髪に「ツヤ」さえあれば マイナス10歳見え!

髪のツヤが失われる要因はいろいろありますが、ざっくり言うと加齢による髪質の変化とダメージの蓄積です。とくにカラーリングや白髪染めを何十年と続けていると、きちんとしたケアをしていない限り、ツヤは失われていきます。肌にはハリとツヤがあるのに、髪はパサパサ、ゴワゴワだと違和感があり、その違和感が老け見えを生みます。

髪に「ツヤ」があれば、肌にシワやシミが多少あったとしても、白髪が多くても、老けた印象には見えません。それくらい髪のツヤというのは印象を左右するものです。**ジェルタイプのスタイリング剤（p112参照）はツヤを与えるものなので、これを使えば、どんな髪でも秒でツヤ髪に**なれます。

肌にシミ、シワなど
エイジングサインがあると
少ない白髪でも、
白髪印象がUP!

白髪はエイジングのサインではありますが、老け見えの直接の要因ではありません。極端な例にはなりますが、**顔にシミ、シワ、たるみ、ほうれい線がなければ、白髪はほぼ目立ちません。**逆に言うと肌にそれらのエイジングサインがあればあるほど、少ない白髪の量でも〝白髪っぽい〟印象が生まれます。

肌の状態は無視して、髪自体で見てみましょう。髪の総量を10万本と仮定した場合、体感値として0.1%、つまり**白髪が100本あるあたりから気になってきます。この〝気になる〟が〝白髪が増えて老けてきたな〟と自分が感じる、エイジングした印象**をもたらします。加えて、髪のツヤが失われているとエイジング印象はよけいに高まります。

薄毛が気になってきたら前髪を作るのがオススメです。**前髪があると、正面から見たときに地肌が透けて見えにくい**ので、かなりの薄毛ぼかしになります。ヘアスタイルのデザインとしてはショート、ボブ、鎖骨くらいまでのレングスであれば、トップにボリュームを作れるのでよりいっそう薄毛の気にならないスタイルにできます。

今どきは重さのある前髪よりも、**眉下くらいの長めで抜け感のある前髪が〝大人可愛い〟**を作れます。

薄毛の印象は
抜け感のある前髪で
オシャレに目くらましできる!

ショートでもロングでも
透け感前髪は似合う！

50代以上の方は厚めの前髪を好まれる方が多いですが、個人的にはこの3名のような抜け感のある薄めの前髪でも可愛いと思います。

老けて見えるこめかみの凹み。サイドバングで隠しましょう！

サイドバングとは、前髪からつながるサイドの髪。つまり目尻〜こめかみにかかる髪のことです。この髪の存在が**こめかみを隠してくれるだけでなく、小顔印象も**作ってくれます。短めに設定すると可愛い雰囲気、長めだと大人っぽさが出せます。

ハヤカワさんの、「ピンクハイライトをこめかみに入れるとふっくらして見える」（p078）テクとあわせて取り入れると最強です！

これが
サイドバング!

サイドバングがあると
若見えイメチェン
できますよ!

グレイヘアはオシャレだけど、
ファッションとメイクが
あってこそ
素敵に見える！

グレイヘアで
素敵な大人の女性を
目指す未来もあります

グレイヘアは、白髪を生かしたヘアスタイルです。白髪染めをしていないだけのヘアではなく、**白髪が素敵に見えるようにカット、スタイリング、ヘアケアをしたスタイル**です。グレイヘアは実年齢よりもかなり年齢が高く見えてしまうという点がありますが、**「ファッション×メイク」がきちんとしていて、「エイジングした縮れた髪」がないという条件がそろえば、〝素敵な人〟**に見えます。

グレイヘアで素敵な人になる、というのは素地の条件があってこそなので、一朝一夕にはいきませんが、変身度はかなり高いです。ファッションやメイクはご自身のやる気でカバーできますが、50代くらいから加齢により髪が縮れてチリチリになってくるのでサロンでのトリートメントや、タッチャンさんも行った酸性ストレート（p058〜064）がオススメです。

セルフ前髪カットをするなら
無理やり
サイドとつなげなくてOK！

ふだんは美容室でカットをしているけど、前髪だけどうしても今すぐ切りたい！という気持ちになることって、ありますよね。いくつか注意点を守ってもらえると、次に美容室に行ったとき、ヘアスタイルの幅を狭めずにすみます。

まずは**ベーシックな前髪の横幅は、左右の黒目の外側の端から端までの範囲で、前髪をとる縦幅は額の生え際から上へ指3本分が目安**です。また、前髪をカットする際は、クセが強い方はとくにですが、**水で濡らしたり、ブローを行ったりせず、できるだけ引っ張らないでカット**しましょう。髪をしっかり伸ばした状態でカットすると思いがけない短さになってしまいます。前髪以外はヘアクリップなどで留めるとカットしやすいです。**鏡を近くに置き過ぎるとバランスがとりにくいので、30cmは離して、顔全体が見えるようにし**ましょう。

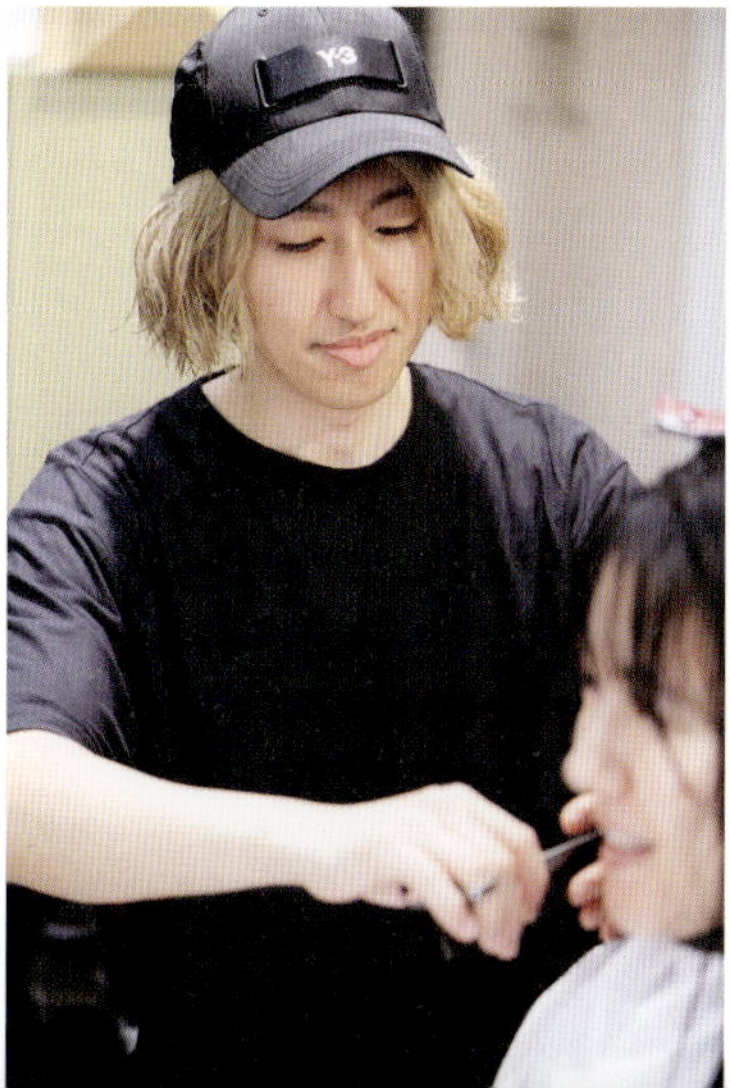

マツカワさん
直伝！

セルフ前髪カットのコツ

1　前髪にする部分は、黒目の外側の両端間の幅で、
額の生え際から指3本分上からとる。

2　鏡から30cm離れてカットすると
バランスがとりやすい。また、鏡の角度は
顔に対して必ず90度にすること。

3　顔は絶対にまっすぐ、少しでも首を傾けると
左右がずれるので要注意。

4　右利きの方は前髪の右側が短くなりやすいので、
最初は長く残す意識で切り始めて。
同様に、左利きの方は左側が短くなりやすい。

5　前髪でもっとも難しいのはサイドバングとのつなぎ。
プロでも難しいので無理につなげなくていい。
どうしてもサイドバングとつなげたいなら、
笹刃のハサミがオススメ。

自分で前髪カットをすると、前髪の端（サイドバングの境目）が意図せずかなり短くなりがち。ここを切り込まれてしまうと美容師がサイドバングを作れなくなる。セルフ前髪カットをしている7割くらいの方が当てはまる（マツカワさん体感調べ）。

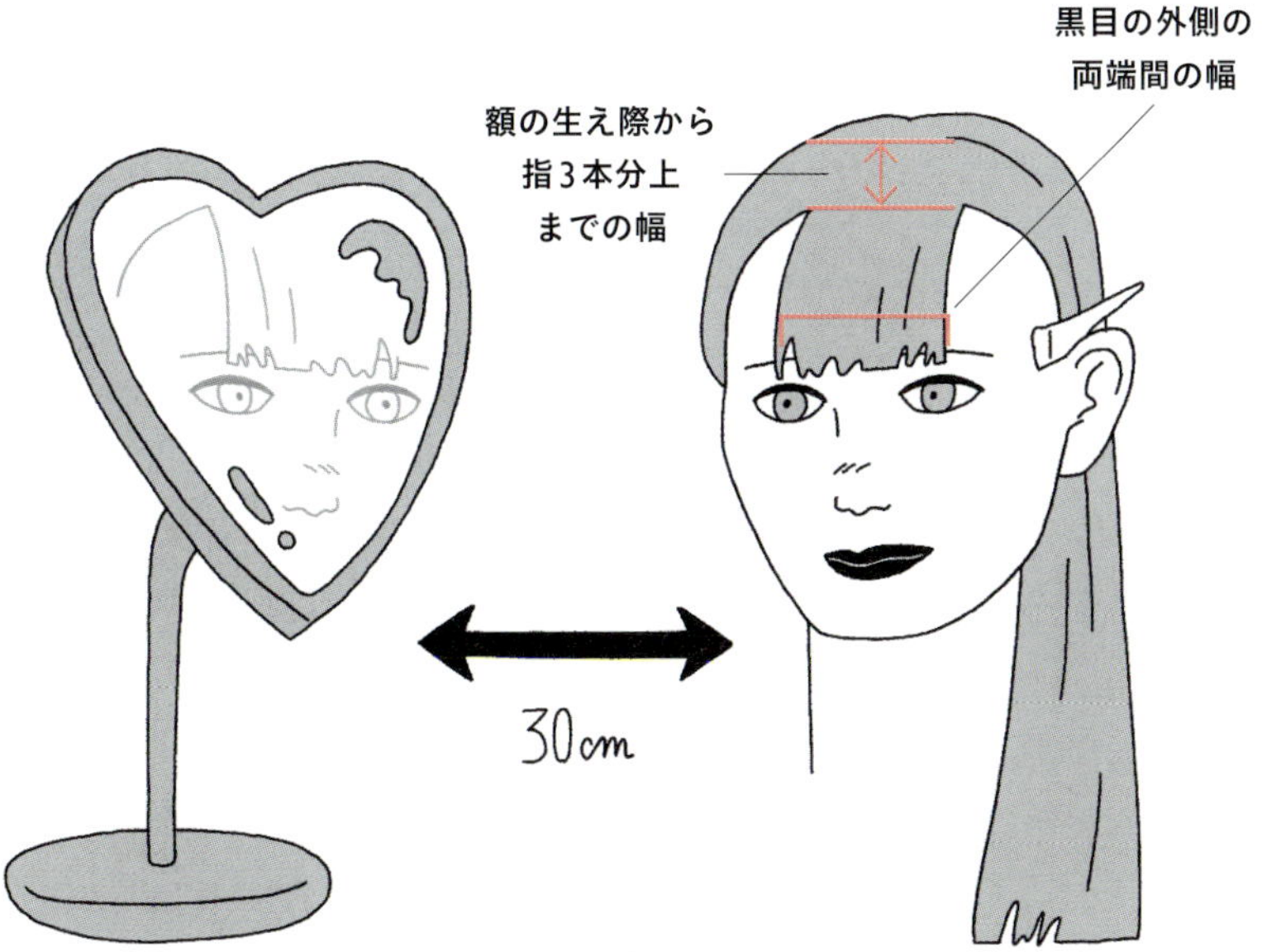

“笹刃”のハサミ

髪をラウンドに切り
やすいハサミ。つな
ぎ目が大幅にぼける。

用意するもの

・髪切り用ハサミ
・置きタイプの鏡
・コーム
・ヘアクリップ

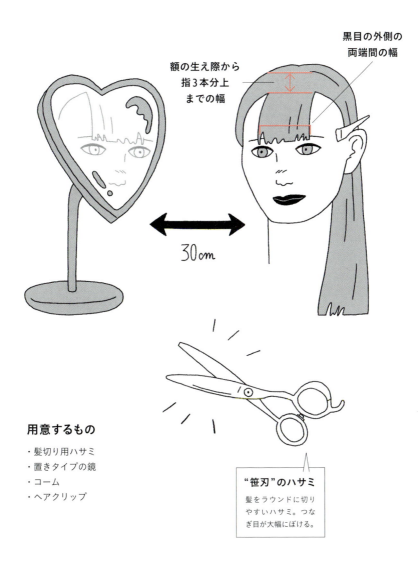

summary

好感度アップヘアのセオリー

対象が異性か、同性かで好感度のあるヘアスタイルは異なります。
眉上のパッツン前髪、カールの動きが強いパーマヘアなどに対して

〝可愛いデザインだね〟と言ってくれるのは、
圧倒的に女性。

男性はこういったヘアスタイルに抵抗がある方が多い印象です。
それはなぜか？
考えられる要因の一例として言えるのは、
今の日本のアイドルさん、アナウンサーさんなどに前述のようなタイプの髪型の方が少ないことです。

これらの方々に多く見られる髪型として挙げられる、

黒髪、ストレート、ナチュラル前髪が
清楚で好感度がある

と定義すれば、
逆の位置にくるのが茶髪、パーマ、短め前髪です。
このようなタイプの髪型の方たちが多数を占めたら、
価値観はまた変わってくるかもしれませんね。

by マツカワリュウドウ

popular with ladies

popular with men

YouTuber Ryudo Matsukawa

動画編集の心得は
視聴者を疲れさせない、
飽きさせない

視聴者の方々が画面を観ていて疲れないようにすることが大事で、常に視点が一定になるよう、撮影中はもちろん、編集でも気を配っています。動画内に入れる文字の位置をずっと同じにするのもそのひとつ。加えて、音量や明るさも観る方の負担にならないように撮影後に一定に調整しています。また、飽きずに観ていただけるように動画の内容に抑揚をつけ、少し微笑める程度の要素も盛り込んでいます。とにかく、視聴者の方が観ていて疲れない、飽きがこない、また観たくなる動画を追求しています。

動画内の文字は常に同じ位置に入れています

文章が切り替わるたびに、文字の出てくる場所が変わってしまうと観ている方はとても疲れます。常に同じ位置に文字を入れることで、ストレスのない視聴を可能に。

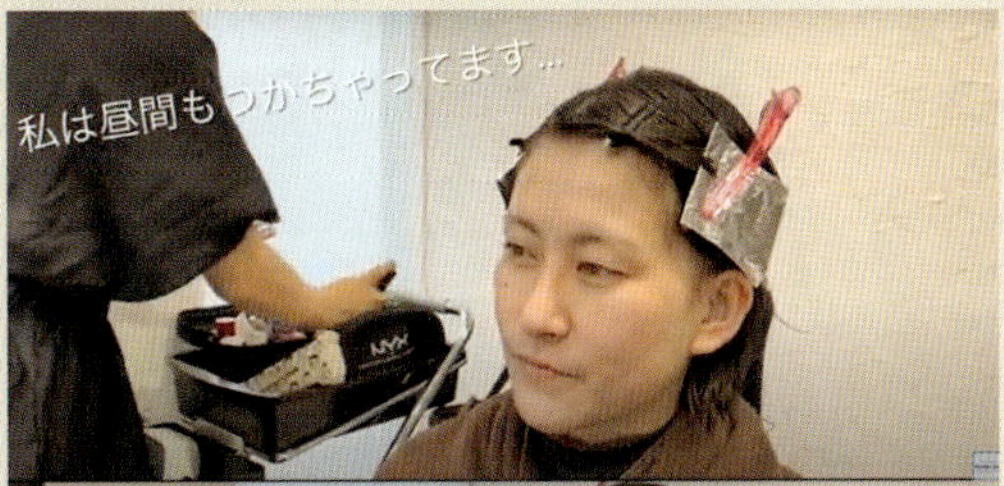

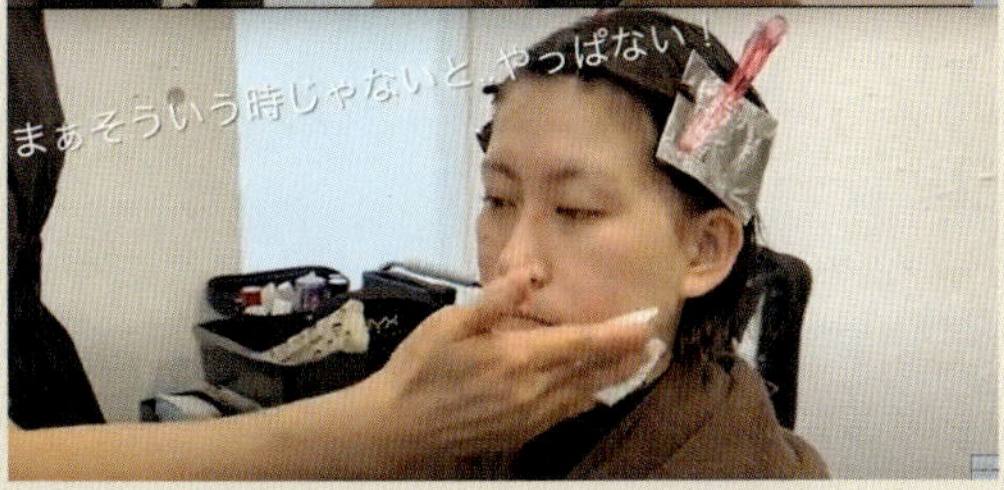

視点が常に中心にくる『日の丸構図』を意識して撮影、編集

視点が常に中心にくる構図にするのも、視聴者が画面を観ていて疲れないための配慮。撮影をするときから「日の丸構図」を意識しています。

MIRACLE CHANGE!

#シンデレラは努力する

さらなる変身を遂げた人のボディメイク

YouTubeの人気コンテンツ
「#シンデレラは努力する」。
ヘア、メイク、ファッションのチェンジに加え
専門トレーナーを迎えてダイエットを応援する企画。
マインドまでも変化したお二方の
ダイエット法を直撃！

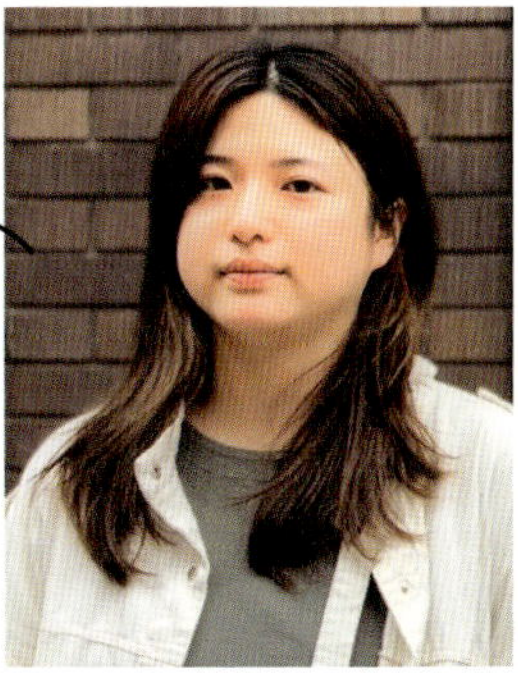

-14.4kg!

SUKA

太っていたときは引きこもりがちでしたが出かけたり、友人に会ったりするのが楽しいです。最近、サーフィンを始めました！

-13.2kg!

MIYAKO

自分に自信がついて、オシャレして、こんな人生もあったんだと今は毎日楽しく過ごしています。

NAME

スカさん（28歳）

身長…164cm

ダイエット前の体重…76.9kg

現在の体重…62.5kg

Exercise

「ブルガリアンスクワットやデッドリフト、ワンハンドロウなど足と背中中心の筋トレを週に2～3回行いました。また、朝と夕方に20分ずつのウォーキング、週1のダンスなど有酸素運動も取り入れました」

Food

「食事は炭水化物（玄米ご飯、さつまいも、かぼちゃ）、タンパク質（鮭、卵、ささみ、鰹のたたき）、食物繊維（ブロッコリー、アスパラガス、きのこ）を1日4食に分けてバランスよく。また、満腹感を得るために味噌汁を必ず用意」

今は生活環境が変わり、定期的にジムに行けない分、職場まで片道40分かけて自転車で通勤したり、仕事のない日は家の近くを散歩したりしてなるべく体を動かすようにしています。最近始めたばかりですがサーフィンもいい運動になっています。

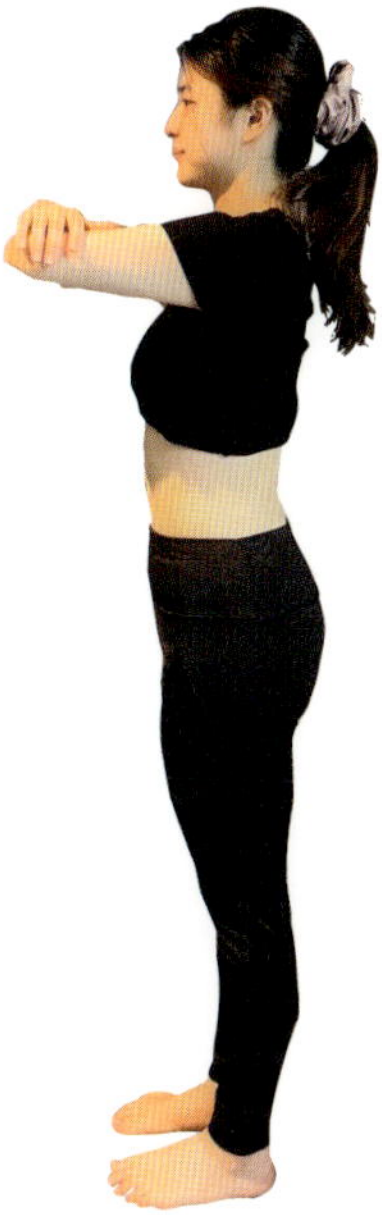

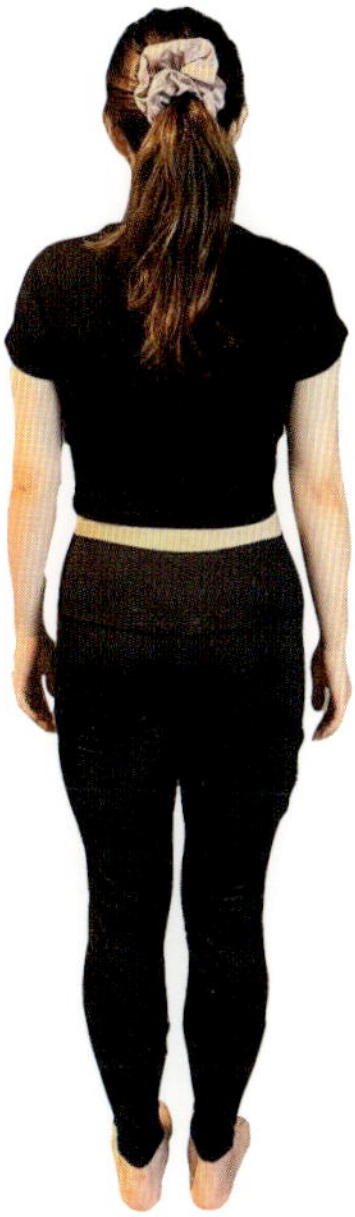

-14.4kg!

子供の頃から〝体格がいい〟と言われ、ダイエットばかりの人生だったというスカさん。3か月でこの変身ぶり！

「ダイエットをストレスに感じないようにすることが大切だと実感しました。以前は、少し体重が増えただけで〝何がいけなかったのか〟と自分を責めていましたが、今回のダイエットでは体重の増減にあまり執着しないようにするのはもちろん、例えばウォーキングをダイエットのための苦しい時間と思うのではなく、好きな音楽やラジオを聴く時間としてとらえると楽観的になれました」

NAME

ミヤコさん（56歳）

身長…162cm

ダイエット前の体重…72.5kg

現在の体重…59.3kg

3か月のダイエットライフで、人生が激変したというミヤコさん。

「膝の怪我により、歩くことがままならず激太り。完治してもこのまま人生の楽しみもなく、つまらない日々を過ごすのかと後ろ向きでした。しかし、

Exercise

「パーソナルトレーニングを週2回、おうちでのストレッチを毎日15分、4kmのウォーキングを週3〜4回行いました。“自分ならやれる!”と信じて、目標を決め、何があってもブレることなく、目の前のことをこなす。トレーナーさんらの応援が励みになったので協力者の存在は大きいです」

Food

「トレーナーさんご指導によるPFCバランス（P：タンパク質、F：脂質、C：炭水化物）がとれた食事。タンパク質は鶏胸肉・鮭・刺身、炭水化物は玄米・さつまいも、脂質は納豆・卵などの良質なものを。野菜はブロッコリーやアスパラ・きゅうり、きのこや海藻類を積極的に摂りました」

歩くのもままならなかった私が、走れるようになり、オシャレもできて、毎日が楽しくなりました。怪我をしていた当時は、楽しみなんてもうないと自暴自棄に近い状態でしたが、今ではあの感情が信じられません。こんな素敵な人生が待っているよ、とダイエット中のツライ時期の私に教えてあげたいです。

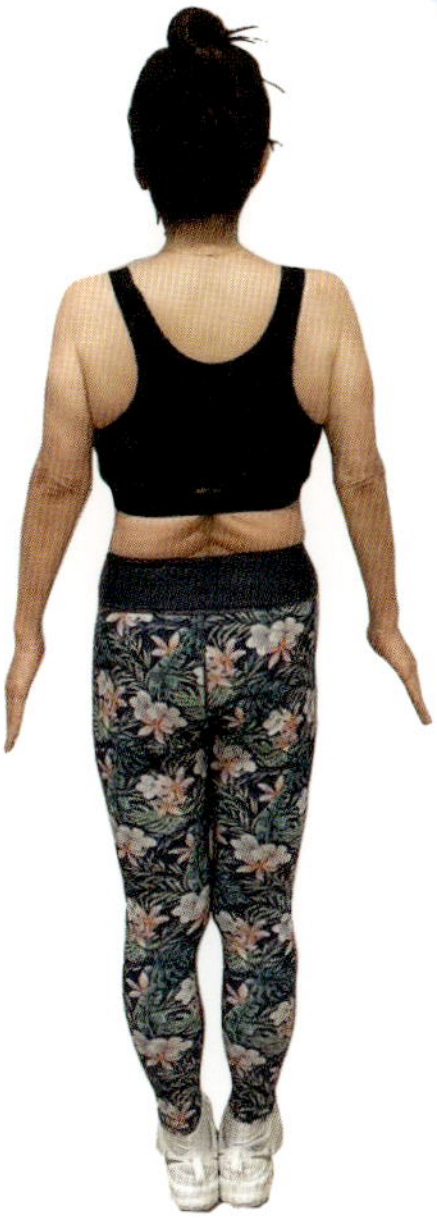

ダイエットをして一転。もちろん当初はトレーニングや食事管理がツラく、戸惑いもありましたが、私のことを信じて関わってくださるトレーナーさんを信じ、ついていきました。信頼関係って大事ですね。また、日に日に体が変化していくことに気づいた家族や友人の応援もあり、もっと頑張ろうという気持ちになりました。

3か月で10kg以上減量し、今は維持していくためにトレーニングジムに週3回通い、タンパク質を意識した和食をメインとした食事を心がけています」

-13.2kg!

Ask me anything!!

Q & A

Q. メイクの幅を広げたくても力不足……どうしたらいいですか？

A. デパートの美容カウンターを活用してみて！

デパートのコスメフロアでは、いろんなブランドの美容部員さんが自社製品の使い方をタッチアップしながら紹介してくれます。今どきのメイクの仕方や似合う色、気になる色などを相談すればメイク技術のあるスタッフが塗ってくれるので、ただお目当てのものを買って帰るだけ、というのではもったいないです。ぜひプロの力を借りて、経験値を上げ、引き出しをどんどん増やしましょう！

by ハヤカワ

Q. ハヤカワさんの愛用コスメを教えて！

A. デパコスも、ドラコスも含めて売れているものを使います！

まずは直感！で選びます。そして流行や口コミ、SNSなどで人気のあるコスメは知っておきたいのでチェックします。やはり話題になるだけあっていいものが多いと思います。デパコス（デパート取り扱いコスメ）も、ドラコス（ドラッグストアのコスメ）も分け隔てなく、いいと感じたものは使っていますね。リップは、いろんな質感、色が欲しいのでプチプラ多めです。

by ハヤカワ

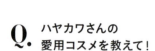

Q. イメチェン企画のモデルに選ばれるには？

A. 変わりたいという強い気持ちが伝わってくる文章に惹かれます

変わりたいという気持ちが文章から伝わる方、とくにモデルさんのバックグラウンドが刺さって、心が動かされることが多いですね。また**何度もご応募いただく方**も刺さります。また、きっと誰でも素敵になれると思うのですが、**ちょっとだけ背中を押してあげることで人生が豊かになってくれそうな方**を選ばせていただくことも多いです。

by マツカワ

Q. マツカワさんとハヤカワさんの出会いが気になる！

A. ハヤカワさんと知り合ったのは13年前。同じ美容室で2年間だけ一緒に働いたのがきっかけです。その後1年間だけ一緒にヒップホップダンスを習っていました（笑）

by マツカワ

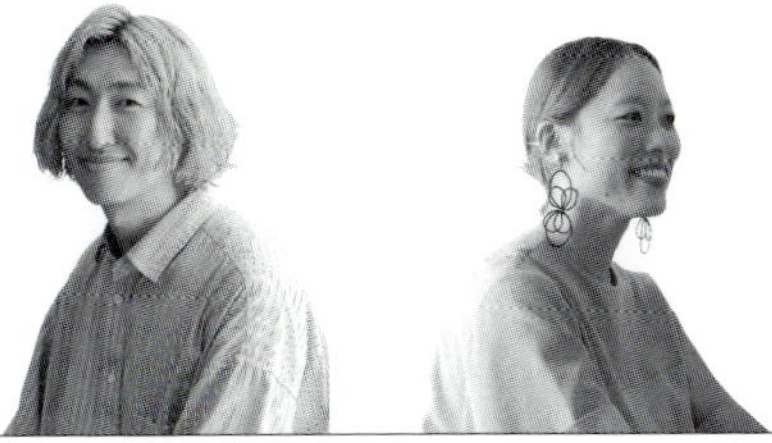

おわりに

3年前、YouTubeでピアニストのハラミちゃんと知り合い、
テレビやスチール、PV撮影でヘアメイクを依頼された際、
ハヤカワさんにメイクの担当をお願いしました。
現場に一緒に行く機会が増え、
「ヘアメイクでたくさんの方をイメチェンしようよ！」と
私が誘ったのが、YouTubeでのイメチェン企画の始まりです。

たくさんのメイクさんの知り合いのなかから
ハヤカワさんに最初に声をかけたのは、
「圧倒的によい人」だからです。
でもとっても変人です。

おかげさまで多くの方にYouTubeを観ていただき、
今回、こうして私やハヤカワさんの思いを
書籍にする機会を得ることができました。

動画制作に協力していただいた多くのモデルさん、
撮影、編集を手伝ってくれている美容師のイシカワ君。
「シンデレラ企画」でお世話になっている
パーソナルトレーナーの横川さん、まえざと君。
多くの方のサポートに感謝しています。

この本が「変わりたい」と思っているすべての方の
お役に立てば幸いです。

ヘアスタイリスト
マツカワリュウドウ

監修協力　ハヤカワユカリ

静岡県生まれ。東京デザイナー学院でヘアメイクを学んだのち、静岡県西部理容美容専門学校で美容師免許を取得。新卒で都内のブランドサロンに就職し、画期的なカリキュラムにより半年でデビュー。サロンワークをしながら、ヘアメイクとしても活動を開始。2021年5月からマツカワさんのYouTubeチャンネルに参加。

著者　マツカワリュウドウ

1988年東京都生まれ。都内の美容専門学校を卒業後、有名店に就職。その後2店舗を経て、2019年よりフリーランス。ショートカットを得意とし、ヘアドネーションを軸にしたブログ発信をスタート。
追ってYouTubeチャンネルを展開し、2024年11月現在登録者数20万人超え。

YouTube：@ryudo_matsukawa

マネするだけでなりたかった私になれる！
大変身のプロが教える別人級ヘアメイク

2024年12月3日　初版発行

著者　マツカワリュウドウ
監修協力　ハヤカワユカリ
発行者　山下直久
発行　株式会社KADOKAWA
〒102-8177　東京都千代田区富士見2-13-3
電話0570-002-301（ナビダイヤル）
印刷・製本　TOPPANクロレ株式会社

●お問い合わせ
https://www. kadokawa.co. jp/（「お問い合わせ」へお進みください）
※内容によっては、お答えできない場合があります。
※サポートは日本国内のみとさせていただきます。
※Japanese text only
定価はカバーに表示してあります。
ISBN 978-4-04-115474-8　C0077